70周年校庆系列科研成果汇编：重大科技奖励(2011—2021)

70 ZHOUNIAN XIAOQING XI LIE KEYAN CHENGGUO HUIBIAN:
ZHONGDA KEJI JIANGLI(2011—2021)

主　编：刘勇胜　胡祥云
副主编：吴春明　殷　茵　何清吟

图书在版编目(CIP)数据

70周年校庆系列科研成果汇编.重大科技奖励:2011—2021/刘勇胜,胡祥云主编.—武汉:中国地质大学出版社,2022.12
ISBN 978-7-5625-5291-8

Ⅰ.①7… Ⅱ.①刘… ②胡… Ⅲ.①中国地质大学-科技成果-汇编-2011-2021 Ⅳ.①G644

中国版本图书馆CIP数据核字(2022)第245885号

70周年校庆系列科研成果汇编:
重大科技奖励(2011—2021)   刘勇胜   胡祥云 **主编**

责任编辑:段 勇	选题策划:毕克成 江广长 张 旭 段 勇	责任校对:何澍语
出版发行:中国地质大学出版社(武汉市洪山区鲁磨路388号)		邮编:430074
电 话:(027)67883511	传 真:(027)67883580	E-mail:cbb@cug.edu.cn
经 销:全国新华书店		http://cugp.cug.edu.cn
开本:787毫米×1092毫米 1/16	字数:189千字	印张:7.5
版次:2022年12月第1版	印次:2022年12月第1次印刷	
印刷:武汉精一佳印刷有限公司		
ISBN 978-7-5625-5291-8		定价:77.00元

如有印装质量问题请与印刷厂联系调换

《70周年校庆系列科研成果汇编：重大科技奖励(2011—2021)》编辑委员会

编 委 会 主 任：黄晓玫　王焰新
编委会副主任：刘勇胜
编 委 会 委 员：(以拼音为序)

蔡之华　陈中强　成秋明　戴光明　窦　斌
杜　胜　段平忠　伏海蛟　郭海湘　何清吟
侯书恩　胡祥云　黄春菊　黄祥嘉　蒋国盛
蒋少涌　焦玉勇　解习农　李长冬　李　晖
李　杰　刘　慧　刘勇胜　路凤香　马保松
马昌前　宁伏龙　单华生　石万忠　苏爱军
唐辉明　童金南　王典洪　王　华　王力哲
王生维　王焰新　王　勇　文国军　吴冲龙
吴春明　吴　涛　谢树成　谢　忠　严春杰
殷　茵　袁松虎　张宏飞　张克信　郑建平
郑有业　周传波　Timothy Kusky

主　　　编：刘勇胜　胡祥云
副　主　编：吴春明　殷　茵　何清吟

序

  七十年斗转星移,地大人筚路蓝缕、薪火相传,把论文写在祖国的大地上,科技报国、教育报国之心,山河可鉴。

  早在建校之初的20世纪50年代,学校一大批专家学者就以地质科教之力投身国家重大项目建设当中。袁复礼教授担任了中苏联合长江三峡工程地质考察和鉴定组中方组长,还首次组织了服务国家重要工程——三门峡水库建设项目的多学科第四纪野外地质考察;马杏垣教授带领师生完成了我国第一幅较为正规的1∶20万"五台山区区域地质图",出版了我国第一部区域地质构造专著——《五台山区地质构造基本特征》;冯景兰教授被聘为黄河规划委员会地质组组长,参与编写《黄河综合利用规划技术调查报告》;袁见齐教授主持完成了全国盐类矿床分布规律和矿床远景预测研究,编制完成了全国盐类矿床图;潘钟祥教授发表《中国西北部的陆相生油问题》,系统提出了"陆相地层生油"的观点……地大人科技报国、教育报国的情怀不仅与生俱来,更像矿物结晶体一般熔铸于一代代地大人的学脉传承之中。

  新时代浪激潮涌,地大人踔厉奋发、勇毅前行,追求卓越的脚步从未停歇,科技报国之路踏石留印。

  党的十八大以来,地大围绕科技高水平自立自强的国家目标,针对自然资源和生态环境两大行业领域的"卡脖子"问题,以《美丽中国·宜居地球:迈向2030》战略规划为牵引,先后实施了"学术卓越计划""地学长江计划"等一系列重大专项,产出了一大批原创性、突破性科技成果。十年来,我们坚持突出学院的办学主体地位,以高水平人才引进和培育使高水平科研"基本盘"更加巩固,成为"地学文库"系列丛书的源头活水。十年来,我们坚持"绿水青山就是金山银山",以地球系统科学学术创新服务美丽中国建设,形成以《中国战略性矿产资源安全的经济学分析》和《应急救援队伍优化调配与合作救援仿真》等为代表的"地大智库"系列成果。十年来,我们坚持"人与自然生命共同体"理念,让地球科学的研究发现走出"象牙塔",让"道法自然"的生态文明思想飞入寻常百姓家,从而形成"地学科普"系列作品。

  七秩荣光,闪耀环宇。地大人重整行装、接续奋斗,正在建设地球科学领域国际知名研究型大学的新征程上昂首阔步。

  逐梦未来,高歌猛进。地大人不忘初心、牢记使命,实现"建成地球科学领域世界一流大学"地大梦的号角已然嘹亮。

值此建校 70 周年之际,"地学文库""地大智库""地学科普"系列作品正式出版。丛书当中积淀的是地大学者智慧,展现的是地大学科特色,揭示的则是扎根中国大地、创建世界一流大学的基本路径——只有与国同行才能自立图强,唯有与时俱进方可历久弥新。

是为序。

中国科学院院士
中国地质大学(武汉)校长

目　录

国家级科技奖励

青藏高原地质理论创新与找矿重大突破 …………………………………………………（2）
华北及邻区深部岩石圈的减薄与增生 ……………………………………………………（4）
工程爆破作业安全和有害效应控制关键技术与应用 ……………………………………（5）
基于演化过程的滑坡地质灾害防控技术与应用 …………………………………………（7）
非线性矿产预测理论方法创立与应用 ……………………………………………………（9）
显生宙最大生物灭绝及其后生物复苏的过程与环境致因 ………………………………（11）
南海北部陆缘深水油气地质理论技术创新与勘探重大突破 ……………………………（13）
煤层气储层开发地质动态评价关键技术与探测装备 ……………………………………（15）
重大工程滑坡动态评价、监测预警与治理关键技术 ……………………………………（17）
渤海湾盆地深层大型整装凝析气田勘探理论技术与重大发现 …………………………（19）
自主可控高性能地理信息系统关键技术与应用 …………………………………………（21）

省部级科技奖励

斜坡地质灾害预测与防治的工程地质研究 ………………………………………………（24）
高纯度金刚石超精抛光系列产品开发与应用 ……………………………………………（26）
嵌入式数控系统关键技术研究及在专用机床中的应用 …………………………………（27）
三维可视化地质信息系统平台 QuantyView 的支撑技术 ………………………………（29）
北喜马拉雅东段金锑多金属成矿机制与成矿预测 ………………………………………（31）
秦岭—大别—苏鲁地区岩石圈组成结构及其动力学过程 ………………………………（33）
黄姜加工水污染控制关键技术研究与工业化应用 ………………………………………（35）
大别造山带及邻区岩浆作用与成矿动力学背景研究 ……………………………………（37）
自适应智能优化与学习方法 ………………………………………………………………（39）
高岭土优化利用及其呆废矿盘活的关键技术 ……………………………………………（40）
二叠纪末大灭绝—复苏期生物环境事件和过程 …………………………………………（42）
关键地史时期地质微生物对海陆环境的响应 ……………………………………………（44）
多维度微纳结构纳米矿物材料及其应用研究 ……………………………………………（46）
水平定向钻管道穿越关键技术与装备 ……………………………………………………（48）
复杂地层钻探取芯工艺技术及实验装置 …………………………………………………（50）

重大工程滑坡灾变过程控制方法与关键技术 …………………………………………… (52)
青藏高原及其邻区构造-岩浆作用及其深部动力学过程 ………………………………… (54)
南海北部大陆边缘盆地动力学及其资源效应 ……………………………………………… (56)
中国中东部大陆地壳起源与增生再造过程 ………………………………………………… (58)
基于多数据中心的大型云计算系统资源管理及科学应用示范 ………………………… (60)
前寒武纪/寒武纪和新生代古海洋环境的地球化学和同位素示踪研究 ………………… (62)
滑坡地质灾害原型试验、多场监测与控制关键技术 …………………………………… (64)
超低密度压裂支撑剂制备技术与应用 ……………………………………………………… (66)
显生宙古气候转型过程中的重大地质事件及其高精度时间标尺 ……………………… (68)
地下水修复电化学调控机理与方法 ………………………………………………………… (70)
华北克拉通汇聚板块边界地质过程:对古老地壳生长和破坏的启示 ………………… (72)
大型非开挖水平定向钻机全生命周期关键技术研究 …………………………………… (74)
航天器轨道鲁棒性设计方法及应用 ………………………………………………………… (76)
面向地质学研究的激光剥蚀微区分析理论与方法 ……………………………………… (78)
非常规地质能源储层刻画与钻采行为预测及其调控关键技术 ………………………… (80)
陆相盆地砂砾岩储层高产油气层预测的关键技术与应用 ……………………………… (82)
边坡加固设计与应急抢险新技术 …………………………………………………………… (84)
石油污染土壤的油葵-微生物协同修复与生物柴油联产技术与应用 ………………… (86)
物联网视频感知关键技术研发及在平安城市中的应用 ………………………………… (89)
低渗透油气储层微观输运机理表征理论与方法 ………………………………………… (91)
隧道重大地质灾害源探测评估关键技术创新与应用 …………………………………… (93)
三叠纪海洋生态系统的崩塌与重建过程及环境制约 …………………………………… (95)
知识驱动的群体智能优化 …………………………………………………………………… (97)
嫦娥探月工程着陆区地质及月壤模拟研究 ……………………………………………… (99)
大容量高安全有机液体储氢关键技术与应用 …………………………………………… (101)
深部地热储层改造增效及随钻测量一体化技术 ………………………………………… (103)
汽车发动机柔性化智能化测控系统及应用 ……………………………………………… (105)
城市地下排水管网隐患智能探测与非开挖修复成套技术 ……………………………… (107)
陆相湖盆中心中深层有效储集体发育机制、预测关键技术及应用 …………………… (109)

国家级科技奖励

GUOJIA JI KEJI JIANGLI

青藏高原地质理论创新与找矿重大突破

（2011年度国家科学技术进步奖特等奖）

一、项目背景

中国经济持续快速发展，资源需求量超常增长，矿产资源出现短缺局面，矿产资源的对外依存度逐年攀升，严重危及国家经济安全。1999年开始，国家实施"国土资源大调查"专项，把青藏高原列为重点找矿目标区。中国地质调查局牵头组织全国上百个地勘、科研、教学单位，每年上万人次，突破生命禁区，奋战雪域高原，实现了青藏高原地质理论的创新和矿产资源勘查开发的重大突破，显著提升了中国矿产资源的保障能力。

二、项目成果

（1）取得了历史性找矿突破。青藏高原地理环境特殊，基础地质工作几近空白，常规技术难以奏效，找矿面临巨大挑战。通过"产学研"联合攻关，于2011年首次发现了冈底斯、念青唐古拉、班公湖-怒江三大巨型成矿带，发现了驱龙、甲玛、雄村等7个超大型和25个大型矿床，新增资源储量：铜3194万t、铅锌1519万t、金569t、银23 015t，分别相当于1999年全国保有资源储量的54%、12%、15%、21%。其中，驱龙铜矿储量1036万t，规模跃居全国第一，相当于20个标准大型铜矿。甲玛铜多金属矿相当于10个标准大型铜矿、5个标准大型金矿。整个青藏高原矿产资源总量预计可达铜8000万t、金2000t、铅锌3000万t，青藏高原地区有望成为中国最大的资源储备基地。

（2）实现了地质理论的新发展和重大技术创新。青藏高原地学研究是国际地学界高度关注和激烈竞争的热点领域，该项目攻克了长期悬而未决的理论难题。建立的"多岛弧盆系构造理论"，重塑了青藏高原的形成和演化过程，确立了中国科学家在青藏高原研究中的主导地位。建立的"陆缘增生-大陆碰撞成矿理论"，揭示了青藏高原的区域成矿规律，解决了"在哪里找大矿"的问题。这一成果得到联合国教科文组织和国际地质科学联合会的肯定，已被列入"全球对比研究计划"。该项目填补了中国地质调查的最后一块空白区。以4km的路线间距，拉网式穿越整个青藏高原，填制了青藏高原面积220万km^2的1∶25万数字化地质图，首次获得了海量野外数据，取得了一系列原创性的科学成果。该项目运用集成创新的适合高寒缺氧环境的矿产勘查和预测评价关键技术，显著提升了矿产勘查的技术水平，加快了找矿进程。其中，系统发现的21条蛇绿混杂岩带，为重塑青藏高原大地构造格局提供了直接证据。国内外专家高度评价，该项目的实施是"中国地质工作的重要里程碑"，是"国际上十年来推动喜马拉雅造山系研究做出的最重要贡献"。

三、项目效益

（1）展现了巨大的经济社会效益。项目的研究成果可以使青海和西藏两省区可依托青藏高原的资源优势，通过规模、绿色、环保、集约开发利用，一举改变区域经济发展结构，变经济发展"输血型"为"造血型"，成为国家资源宝库。新发现的32个大型—超大型矿床，潜在经济价值2.7万亿元。建成投产的甲玛大型矿山，探索了资源规模化、生态化开发的新路子，实践了点的开发和面的保护相互结合、相得益彰的科学发展新思路，成功实现了矿山废水零排放，树立了青藏高原环境脆弱区"绿色矿山"新标杆。

（2）磨练了一支能打硬仗的创新团队。广大地质工作者立足保障国家资源安全大局，通过该项目的实施，凝聚了老中青三代地质工作者的力量，培养了200多名博士、博士后，磨练了一支新时期长期从事青藏高原地质找矿的攻坚队伍。每年成千上万的地质工作者用热情、用汗水、用鲜血、甚至用生命参与该项目的研究，他们用双脚丈量了整个青藏高原，用智慧唤醒了沉睡亿万年的宝藏。在物质文明日益丰富的当代，这支队伍表现出来的以献身地质事业为荣、以艰苦奋斗为荣、以找矿立功为荣的"三光荣"精神难能可贵。

主要完成人：张洪涛、潘桂棠、侯增谦、唐菊兴、丁俊、王建平、郑有业、李荣社、王保生、陈仁义、翟刚毅、王立全、谢国刚、黄树峰、张克信、王小春、刘鸿飞、李光明、庄育勋、李才、王秉璋、熊盛青、赵志丹、计文化、李超岭、郭文秀、张振利、张金树、吴珍汉、陈红旗、王二七、刘文灿、夏代祥、王永和、周珍琦、尹福光、薛迎喜、张华、姚华舟、朱同兴、杜光伟、韩芳林、燕长海、刘凤山、岳昌桐、陈惠强、杨竹森、陆济璞、魏荣珠、曲晓明

完成单位：中国地质调查局、西藏自治区地质矿产勘查开发局、中国地质调查局成都地质调查中心、中国地质科学院矿产资源研究所、中国地质调查局西安地质调查中心、中国地质科学院地质研究所、西藏自治区地质调查院、河南省地质调查院、中国地质大学(北京)、青海省地质调查院、中国冶金地质总局第二地质勘查院、陕西省地质调查院、江西省地质调查研究院、中国国土资源航空物探遥感中心、河北省地质调查院、吉林大学、福建省地质调查研究院、新疆维吾尔自治区地质调查院、中国地质大学(武汉)、吉林省地质调查院、中国地质科学院地质力学研究所、四川省地质调查局、中国科学院地质与地球物理研究所、成都理工大学、四川省冶金地质勘查局、中国地质调查局武汉地质调查中心、山西省地质调查院、中国黄金集团公司、中国地质科学院地球物理地球化学勘查研究所、贵州省地质调查院

华北及邻区深部岩石圈的减薄与增生

(2011年度国家自然科学奖二等奖)

一、项目背景

深部动力学研究最重要的进展之一是发现陆下岩石圈不是一成不变的。岩石圈的不稳定性与其结构、组成和流变学性质的巨大变化有关,其起因和作用机制是理解板块内部的岩浆活动、成矿作用、地震活动乃至构造演化的关键,可为丰富板内构造理论框架、完善和发展板块构造学说提供重要的科学依据。

二、项目成果

本项目通过对华北陆块及邻区发育的不同时代(古生代、中生代、新生代)火成岩及其携带的壳、幔捕虏体的矿物学、岩石学、地球化学和年代学的综合研究,在大陆岩石圈地幔组成、结构和演化及大陆地幔动力学研究领域取得了一系列在国际学术界产生重要影响的开创性成果,为该领域的科研进展做出实质性贡献。部分成果获广东省和湖北省科学技术奖自然科学奖一等奖。

三、项目效益

这些成果显著提升了中国科学家在大陆岩石圈研究领域的国际影响力和地位,使华北东部成为国际学术界公认的克拉通下岩石圈减薄的最典型地区,推动了国家自然科学基金委员会重大研究计划项目"克拉通破坏"的立项。本研究集体成功主办了国际火山学和地球内部化学协会2006年度学术会议(IAVCEI-2006),并组织出版国际核心刊物专辑两部。

主要完成人:徐义刚、郑建平、范蔚茗、许继峰、郭锋
完成单位:中国科学院广州地球化学研究所、中国地质大学(武汉)

工程爆破作业安全和有害效应控制关键技术与应用

（2011年度国家科学技术进步奖二等奖）

一、项目背景

由于矿石开采、岩体开挖、建（构）筑物拆除等工程和经济建设需要，我国工程爆破规模大、难度高、应用广。在发挥巨大作用的同时，爆破作业过程潜在误爆、拒爆等重大安全风险，爆破产生的振动、飞石、冲击波等有害效应也对作业周边环境造成了重大威胁。

本项目围绕这一问题的三大关键科技难题，开展了长期系统研究，形成了工程爆破作业安全和有害效应控制理论、方法和技术系统研究成果，并取得了重大的应用成果。

二、项目成果

（1）在工程爆破作业安全评价方法与分级标准研究方面，提出了雷管误爆概率模型（图1）与起爆网路拒爆概率计算方法（图2），建立了工程爆破作业事故后果预报模型以及基于安全事故后果评价的爆破工程分级标准，提出了我国爆破工程分级标准（表1），实现了工程爆破作业安全的科学评价。

（2）在工程爆破有害效应安全判据与控制标准研究方面，建立了岩石与混凝土的爆破安全判据（图3），提出了水中冲击波超压计算公式（图4）与爆破噪声控制标准（表2），实现了工程爆破有害效应的量化评价，发展了爆破有害效应安全控制标准体系。

图1 雷管误爆概率模型

图2 起爆网路拒爆概率计算

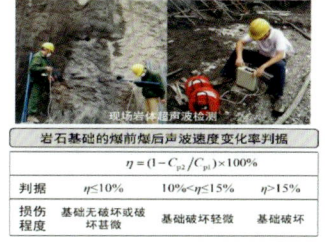

图3 岩石爆破安全判据

(3)在工程爆破安全精细控制与防护成套技术研究方面,研发了新型安全工业雷管及微差接力起爆系统(图5),提出了工程爆破安全精细控制与防护技术,创建了爆破安全动态监测与实时反馈技术体系,建立了以爆破安全控制为核心的精细爆破技术体系(图6)。

表1 爆破工程分级标准

爆破工程类别	爆破工程按药量Q(t)与环境分级			
	A	B	C	D
硐室爆破	$1000 \leq Q < 3000$	$300 \leq Q < 1000$	$50 \leq Q < 300$	$0.2 \leq Q < 50$
露天深孔爆破	—	$Q \geq 200$	$100 \leq Q < 200$	$50 \leq Q < 100$
地下深孔爆破	—	$Q \geq 100$	$50 \leq Q < 100$	$20 \leq Q < 50$
水下深孔爆破	$Q \geq 50$	$20 \leq Q < 50$	$5 \leq Q < 20$	$0.5 \leq Q < 5$
复杂环境深孔爆破	$Q \geq 50$	$15 \leq Q < 50$	$5 \leq Q < 15$	$1 \leq Q < 5$
拆除爆破	$Q \geq 0.5$	$0.2 \leq Q < 0.5$	$Q < 0.2$	
城镇浅孔爆破	—	环境十分复杂	环境复杂	环境不复杂

表2 爆破噪声控制标准

爆破噪声控制标准 单位:dB(A)			
声环境功能区类别	时段		防护区域
	昼间	夜间	
0类	65	55	指康复疗养区、有重病号的医疗卫生或生活区。养殖动物区(冬眠期)
1类	90	70	居民住宅、一般医疗卫生、文化教育、科研设计、行政办公为主要功能,需要保持安静的区域
2类	100	80	指以商业金融、集市贸易为主要功能,或者居住、商业、工业混杂,需要维护住宅安静的区域。噪声敏感动物区中养殖场,如鸡场等
3类	110	85	指以工业生产、仓储物流为主要功能,需要防止工业噪声对周围环境产生严重影响的区域
4类	115	90	人员警戒边界,非噪声敏感动物集中养殖场,如养猪场等
施工作业区	120	110	指矿山、水利工程等的施工场区内

图4 水中冲击波超压计算　　图5 新型安全工业雷管　　图6 工程爆破安全精细控制与防护技术体系

主要完成人:谢先启、卢文波、吴新霞、丁帮勤、周传波、贾永胜、李显泉、陈明、孙金山、刘美山

完成单位:武汉爆破公司、武汉大学、长江水利委员会长江科学院、中钢集团武汉安全环保研究院有限公司、中国地质大学(武汉)

基于演化过程的滑坡地质灾害防控技术与应用

(2013年度国家科学技术进步奖二等奖)

一、项目背景

滑坡是我国最主要的地质灾害类型,滑坡地质灾害防控是区域经济发展、减灾防灾的重大需要。在科技部、国家自然科学基金委员会、国土资源部、国务院三峡工程建设委员会和水利部20余年的连续支持下,中国地质大学(武汉)广泛开展国际合作,系统开展了基于演化过程的滑坡地质灾害防控的"一个体系、三项技术"研究,获得了一批具有国际影响的创新性成果,取得了显著的防灾减灾效益。

二、项目成果

(1)提出了基于演化过程的滑坡地质灾害防控体系。以滑坡地质灾害孕灾模式、演化与致灾机理、演化阶段判识与过程控制为主线,提出了基于演化过程的滑坡灾害防控技术方法,主要包括滑坡地质灾害多场演化特征信息判识、多维信息挖掘与融合、演化过程预测和演化控制律理论。构建了基于演化过程的滑坡地质灾害防控体系,为滑坡预测与防治提供了新的重要技术方法支撑。

(2)研发了滑坡演化过程的多场特征信息勘察与监测技术。提出了基于多传感器技术的滑坡地质灾害多场特征变量勘察与监测方法,实现了滑坡演化状态判识与过程防控,研发了以核磁共振、测量机器人和光纤光栅多传感器为核心的滑坡勘察与监测技术。建成了三峡库区大型复杂滑坡地质灾害野外综合试验基地,是世界上首个以大型试验隧洞群为主体的滑坡多场综合监测试验研究平台。

(3)创建了基于滑坡地质灾害演化阶段判识的预测预警系统。建立了场地评价与区域预测相结合、稳定性评价与易发性预测相结合、危险性评价和风险评估相结合的滑坡地质灾害评价模型、滑坡演化阶段判识模型和易滑岩组有效降雨时间预警综合判识模型。创建了集区域与单体预测、时间与空间预测、演化阶段判识与危险性预警于一体的滑坡灾害预测预警方法,建立了基于GIS的滑坡监测和预测预警系统,实现了复杂地质环境条件下基于实时气象信息的滑坡危险性预警。

(4)提出基于滑坡-抗滑结构相互作用机理的防治技术。提出了桩土体三级荷载传递模式,建立了考虑桩后土压力、抗滑桩应变、埋设深度和时间的滑坡-抗滑桩相互作用变形协调方程,构建了抗滑桩与滑坡体相互作用过程的桩土模型,揭示了滑坡-抗滑桩演化过程的相互作用机理。建立了基于滑坡-抗滑桩相互作用的抗滑桩优化设计方法,提出了水库运行条件下滑坡防治结构抗滑效果评价方法。

三、项目效益

研究成果广泛应用于滑坡地质灾害防控实践,系统开展了湖北、重庆、四川、贵州、云南典型地区滑坡地质灾害预测预警工作,主持了国土资源、水利水电、交通、矿业等行业部门的100余项滑坡地质灾害治理工程设计,避免了人员伤亡,节省了工程投资,取得了显著的社会效益和经济效益。

研究成果获湖北省科学技术奖一等奖和李四光地质科学奖,发表SCI论文60余篇、EI论文100余篇,授权发明专利7项、其他知识产权6项,主编或参编有关地质灾害规程规范9部,促进了地质灾害防治行业技术进步。在扩大我国地质灾害研究的国际影响力、创建国际滑坡研究基地、建设国际水平地质灾害研究队和发展地质灾害学科等方面发挥了重要作用。

主要完成人:唐辉明、胡新丽、廖声银、苏爱军、孙仁先、王亮清、吴益平、曾志刚、高改萍、任青阳

完成单位:中国地质大学(武汉)、湖北省地质环境监测总站、水利部长江勘测技术研究所、华中科技大学

非线性矿产预测理论方法创立与应用

(2013年度国家科学技术进步奖二等奖)

一、项目背景

矿产资源短缺是制约我国经济社会稳步健康发展的重要瓶颈。面对我国出露于地表的矿产资源越来越少,浅表找矿难度越来越大,而隐伏矿、深部矿潜力巨大的现状,在成矿预测理论及方法技术方面进行创新已迫在眉睫。然而,面对海量的地学数据,以及灰色多解、交叉、难分离及覆盖、地形地貌千差万别、地质构造复杂、成矿作用多样等诸多困难,如何从成矿极端事件奇异性中找到自相似性规律及数学表达,极具挑战性。该研究团队选择非线性理论用于地质找矿这一新课题,通过近20年的持续多学科交叉攻关,取得了成矿预测理论和方法创新。

二、项目成果

(1)创立了非线性矿产预测理论。成功将非线性理论运用于矿产预测,项目从研究极端事件奇异性特征出发,将随机事件中潜在的循环重现规律植入多重分形理论体系,首次提出矿床分布具有奇异性和广义自相似性特征的观点,通过多重分形模型揭示矿床分布的奇异性,实际上也存在某些方面的内在联系。利用这些内在联系潜在的自相似性规律,建立了奇异性时-空分布的"密度-面积"多重分形模型,进行成矿定量预测。

(2)建立了非线性矿产预测新方法并研发 GeoDAS 软件技术。以成矿规律研究为基础,以建立成矿信息内在联系为突破口,建立了以有效识别成矿信息、提取弱矿化信息、分解复杂背景信息和叠加成矿信息、集成多元信息为核心的非线性矿产预测新技术体系,创建了成矿弱信息提取技术、成矿与非成矿信息分离技术和成矿信息集成与空间决策技术,研发了 GeoDAS 软件,实现了海量数据处理和有用信息识别、提取、融合、集成,进而凸显矿致异常,达到了指明找矿方向、缩短找矿周期和提高找矿效率的目的。

三、项目效益

非线性矿产预测新方法已在国内外广泛推广和运用,产生了巨大的社会效益和经济效益。该方法已在全国矿产资源潜力评价和多个省区的地质找矿中广泛应用,应邀于北京、杭州、西安、成都、武汉等地举办培训班18期,培训人员达1267人次;以云南"三江"成矿带为示范开展的应用研究,采用多重分形滤波技术,有效过滤了玄武岩分布区的铜元素高背景,使有用的铜矿化信息显示出来;对新识别出的云龙五宝山铅锌异常施工的第一个钻探,揭露出新的矿体;圈定新的有色金属和贵金属找矿靶区16处,新发现具有工业价值的矿产地5处。成果获得2011年度国土资源科学技术奖一等奖。成果得到了国际、国内地质学家的高度评价,被认为推动了非线性和复杂性科学在固体地学中的应用,为矿产预测提供了新的理论和方法,成为定量地学的研究前沿和热点。成秋明由此被授予国际数学地球科学协会最高奖——克伦宾奖,2012年成为国际数学地球科学学会主席。GeoDAS软件技术已成为矿产预测国际核心技术和标准方法,被国际225个会员单位在世界多个重要成矿带矿产预测中得到应用,并带动了找矿突破,极大地提升了我国数学地质领域的引领地位。

主要完成人:成秋明、李文昌、夏庆霖、卢映祥、王庆飞、左仁广、葛咏、张生元、陈志军、谢淑云

完成单位:中国地质大学(武汉)、云南省地质调查局、中国地质大学(北京)

显生宙最大生物灭绝及其后生物复苏的过程与环境致因

(2016年度国家自然科学奖二等奖)

一、项目背景

该成果属于地球科学领域古生物学与地层学的基础研究。2.52亿年前的二叠纪—三叠纪之交是一个重大地质突变期,发生了显生宙最大的生物灭绝事件。生物是怎样灭绝的?什么环境因素能够导致如此严重的生物大灭绝?这些问题一直是国际研究的热点和难点。该成果可以为正确认识当代全球变化和生物多样性危机这两大列入联合国公约的全球问题提供科学史实,引导人类社会的发展方向。但是,目前严重缺乏高精度生物地层和定量气候环境参数制约了全球生物与环境事件的因果分析。华南因海相地层保存完整和类型多样而成为国际上解决这些棘手问题最重要的研究地区。研究团队经过长期坚持不懈的艰苦努力,在对华南30余条剖面、8万余枚化石研究的基础上取得了原创性成果。

二、项目成果

(1)建立了华南二叠纪末期—早三叠世高精度的海相生物地层格架,提出了二叠纪—三叠纪之交两幕式生物大灭绝并阐述了具体灭绝过程,发现了对应的两幕环境变化。这一原创性成果被 Nature China 作为一种灭绝理论进行亮点评述(图1),被列为2008年度中国百篇最有影响的国际学术论文。

图1 发表在 Nature 子刊上有关2.5亿年前生物大灭绝的两幕模式

(2)确证了火山活动是导致幕式环境与生物变化的主要原因,定量重建了二叠纪—三叠纪之交长达8Ma的古温度变化,提出了火山活动触发的快速升温和极度缺氧是生物危机的主要环境致因(图2)。这一创新性认识被 Science 单独撰文正面评述,并入选2012年度"中国科学十大进展"和"中国高校十大科技进展"。

(3)发现了生态系统食物链底层的微体生物在二叠纪—三叠纪之交大灭绝后的快速复苏,提出了地质微生物对古海洋水化学具有快速响应和灵敏示踪的能力。这一原创性成果修正了古海洋水化学的传统认识,也被 Science 单独撰文正面评述。

三、项目效益

该成果发表的20篇核心论文被SCI他引554次,8篇代表性论文被SCI他引384次。2篇论文为ESI的Top1‰论文,8篇第一作者论文发表在 Science、Nature Geoscience、Geology(4篇)和 Earth and Planetary Science Letters(2篇)上(图3)。该成果为最大生物灭绝的地内起因提供了直接的、定量的证据,得到国际学术同行的高度评价,确定了我国二叠纪和三叠纪之交地球生物学研究在国际上处于领导地位。

该研究团队还积极推动地球生物学的国际学术交流,发起并连续组织了三届地球生物学国际会议,使其成为国际品牌,得到国际同行的积极响应。该项目成果推动生物地质与环境地质国家重点实验室建设,研究团队领衔编写并出版了《中国学科发展战略·地球生物学》报告,引领了我国地球生物学学科的发展,培养了一批地球生物学的青年人才,使我国地球生物学在国际上处于领导地位。该成果荣获2项省部级自然科学奖一等奖,2次获得湖北省自然科学优秀论文特等奖。

图2 发表在 Science 上有关2.5亿年前温度变化与生物演化的关系

图3 研究成果的影响

主要完成人:谢树成、赖旭龙、宋海军、孙亚东、罗根明
完成单位:中国地质大学(武汉)

南海北部陆缘深水油气地质理论技术创新与勘探重大突破

(2016年度国家科学技术进步奖二等奖)

一、项目背景

21世纪以来,深水已成为世界油气勘探最重要的领域,大西洋两侧深水被动陆缘近年来发现一大批巨型—大油气田,占同期世界油气储量增长的60%,其中2012年全球新增的十个重大发现均在深水。南海是我国唯一发育深水盆地的海域,面积超过200万km^2,是我国油气资源最重要的战略接替区之一。20世纪80年代以来,十多家国际一流石油公司应用当时国际最先进的勘探理论和技术在南海组织了2~3轮持续攻关,认为深水盆地规模小、优质烃源岩和大型储层缺乏,勘探风险极大,失利后相继退出。

作为国家重大战略问题,2000年国家和中海油立项组织联合攻关,突破了传统的深水油气地质理论,创建了南海非典型被动陆缘深水拆离盆地"成盆—成烃—成藏"油气地质理论,取得了深水高效勘探技术的重大创新,累计探明天然气地质储量超3000亿m^3、原油超5000万m^3,建成了我国第一个南海深水油气生产基地。

二、项目成果

(1)首次研究并证实南海北部陆缘深水存在大型拆离盆地,深刻改变了传统深水盆地结构样式和成盆机理的认识,在南海北部圈定出11万km^2的拆离盆地群,支撑了走向深水的重大勘探决策。

(2)首次揭示伸展拆离背景下,陆相、海陆过渡相和海相地层分别形成3种类型的规模烃源岩,阐明了高温快速生烃机理,揭示了深水区存在100亿t油当量的资源潜力。

(3)首次揭示南海北部陆缘存在两大沉积体系和3种优质储层的分布模式,建立了深水大型轴向峡谷、深水扇和陆架边缘三角洲3种油气富集模式。其中大型轴向峡谷模式为世界首例,并为国际学术界高度关注。

(4)创新了针对深水复杂地质条件的专有地球物理勘探技术,研发了立体震源激发、"犁形"缆接收的地震采集处理技术,拓展了地震频宽达到3~120Hz;首次应用基于洋陆转换带地质模型的三维空间高精度重磁震联合反演技术,为拆离盆地模式的建立提供了科学手段。首次利用机器人系统测量了海水和海底淤泥的速度和密度,创新研发了深水气层预测新方法,气层预测成功率从外方的12%提高到自营的88%。

(5)创建了深水安全高效探井作业技术。自主研发了适用于深水弱成岩地层的探井井壁实时强化技术,有效提高地层承压;创建了深水探井表层批钻模式和深水大产能安全高效测试模块化工艺,保证了平台在高测试产量和极端操作条件下的作业安全,单井节约测试成本1亿元以上,钻井平均米成本仅为外方的57%。

理论技术创新指导和应用于南海北部深水区的油气勘探实践,共发现大中型商业油气田13个,探明天然气地质储量超3000亿 m^3,原油地质储量超5000万 m^3,建成了我国第一个深水油气生产基地,对指导同类盆地的油气勘探和行业科技进步起到了重大的作用。

三、项目效益

已获授权专利41件,软件著作权27件,获省部级特等奖1项、一等奖4项,出版专著6部,发表核心科技论文350篇(其中SCI/EI收录174篇)。

本成果的应用实现了我国深水油气勘探历史性重大突破,对践行国家"一带一路"与"建设海洋强国"具有重大意义。专家鉴定认为,本成果总体达到国际先进水平,其中,轴向峡谷水道成藏模式的提出、模块化测试技术的创立等达到国际领先水平。

完成单位:中国海洋石油集团有限公司、中海石油(中国)有限公司湛江分公司、中海石油(中国)有限公司深圳分公司、中海石油(中国)有限公司北京研究中心、中国地质大学(武汉)、中国石油大学(北京)、中国科学院南海海洋研究所

煤层气储层开发地质动态评价关键技术与探测装备

(2017年度国家科学技术进步奖二等奖)

一、项目背景

煤层气开发可提供洁净能源,降低煤矿瓦斯灾害,减少温室气体排放,是中国能源安全战略的重要组成部分。国家发布了《煤层气产业政策》等文件并采取激励措施,2006年以来连续出台3个五年专项规划,持续推动这一新兴产业发展。中国煤层气资源85%赋存在九大盆地。美国于21世纪前10年煤层气布井成功率在80%以上,单井日均产气量超过3600m^3。

相比之下,中国煤层气规模性开发长期局限于沁水、鄂尔多斯两个盆地,滚动开发甜点区不明,单井日均产量不足1000m^3。究其原因,主要在于中国煤层气地质条件复杂,区块范围内甜点区煤层气成藏规律主控因素不明,对开发地质动态缺乏了解,开发地质条件评价探测技术体系不完全适合我国国情。

二、项目成果

该项目面向国家重大需求,针对上述"瓶颈"问题攻关研究,从应用基础、评价预测到探测装备层层推进,取得了5项原创性成果。

(1)创建了以叠置煤层气系统、三孔两渗煤储层动态模型、高产井区地质模式为核心的煤层气开发地质理论,为评价技术创新与关键装备研发提供了支撑理论体系。2篇论文入选中国顶尖期刊论文领跑者F5000,SCI收录76篇。

(2)首创了储层地质-改造工程因素相结合的中—高阶煤层气甜点区综合评价技术,突破了区块范围甜点区精细评价技术瓶颈。优化部署32个区块煤层气井1310口,提供滚动开发面积150km^2,为提交200亿m^{3}探明储量提供关键依据。

(3)首创了叠置煤层气系统合采兼容性预测技术,解决了多产层煤层气合采井布置和产层优化设计的技术难题。优化部署14个区块合采井328口,单井最高日均产气量提高2.4倍,避免了2.51亿元勘探损失,释放难采煤层气资源2.97万亿m^3,为黔西、淮南2个开发战略接替基地的形成做出了突出贡献。

(4)成功研制以"三孔两渗"模型、气压/水压动态模型等为核心的煤储层开发动态地质评价软件系统(大型软件包),实现了煤储层开发地质动态数值分析技术的重大突破。提交煤层气探明储量93亿m^3,新增商业性开发区块1个,并为中国煤层气井生产提供了首套地质动态诊断与管理优化决策工具。

（5）发明了以煤层气直井流体参数探测仪等为核心的煤储层开发动态物理模拟和现场探测系列关键装备，解决了多煤层煤层气井气液两相流动态无法实时准确监测与诊断的技术难题。应用于264口合采井，单井日均产气量提高42%。

三、项目效益

该项目获授权中国发明专利26件，实用新型专利9件，软件著作权9件。发表论文286篇（其中SCI 76篇，EI 134篇），出版专著8部。研制并颁布实施国家标准1项。培养研究生241名（博士生62名）。成果推广应用到国内40余个区块，覆盖了中国最重要的煤层气勘探开发企业及开发、接替基地。先后获中国煤炭工业科学技术奖一等奖和教育部自然科学奖二等奖。三年来新增销售额38.99亿元，节约勘探资金2.51亿元，潜在经济效益约1913亿元。该项目成果突破了煤储层地质动态评价与探测装备方面的关键难题，大覆盖面地带动了行业地质保障技术水平的提升，经专家鉴定达到国际领先水平。

主要完成人：秦勇、汤达祯、李国富、朱庆忠、刘大锰、韦重韬、王生维、张遂安、吴财芳、许江

完成单位：中国矿业大学、中国地质大学（北京）、山西晋城无烟煤矿业集团有限责任公司、中国石油天然气股份有限公司华北油田分公司、中国地质大学（武汉）、中国石油大学、重庆大学

重大工程滑坡动态评价、监测预警与治理关键技术

(2019 年度国家科学技术进步二等奖)

一、项目背景

我国是地质灾害最严重的国家之一,加强地质灾害防治,提高防灾减灾能力,关系国计民生和国家安全,对保障重大工程建设和经济社会发展具有重大意义。本项目在科技部、国家自然科学基金委员会和国土资源部(现自然资源部)等部门的长期支持下,广泛开展国际合作,聚焦过程控制的滑坡防治体系关键技术研究,在重大工程滑坡动态评价、监测预警与治理关键技术方面,取得了一批具有国际影响和广泛应用价值的创新研究成果。

图 1 滑坡大型原位原型试验技术

二、项目成果

(1)提出了基于多场信息的滑坡动态评价方法体系。依据不同区域地质条件下典型滑坡灾变区大量工程实践,系统提出了重大滑坡 6 种灾变模式;建立了多因素耦合作用下滑坡地质结构劣化的全过程演变模型,揭示了重大滑坡地质结构体系动态演变规律;构建了集滑坡特征识别、灾变阶段判识和时效稳定性评价为一体的重大滑坡动态评价方法体系。

图 2 滑坡-防治结构体系多场关联监测

(2)研发了滑坡大型原位原型试验技术。研发了滑带土新型大尺度现场原位三轴流变仪、滑带土新型大尺度现场原位直剪仪和滑面(带)力学参数干湿循环试验技术,首次实现了滑带土现场原位大尺度三轴压缩试验和三轴流变试验;研发了大型滑坡桩(锚)-土(岩)相互作用原型试验技术(图1)。

图 3 滑坡抗滑桩群关键治理方法与优化技术

(3) 研发了滑坡多场动态关联监测与智能预测预警技术。研发了滑坡深部大位移柔性测斜仪、基于惯性测量的滑坡位移分布监测仪和滑坡深部渗流场关键参量动态实时监测仪,实现了滑坡多场特征参量实时动态监测;研发了滑坡-防治结构体系多场关联监测技术,解决了多场监测数据关联性低、融合性差的难题;研发了多场信息实时动态监测预警技术,实现了重大滑坡智能预测预警(图2)。

(4) 提出了重大工程滑坡关键治理方法与优化技术。提出了基于稳定状态极值的不同灾变模式滑坡防治方案优选方法;揭示了大型滑坡渗流场时空演化规律,研发了滑坡立体孔洞群排水技术;提出了滑坡三维推力计算方法,构建了抗滑桩群和锚索群立体非均匀布设模式,研发了一种适应土拱效能的联拱抗滑桩群结构。构建了集试验监测、动态评价、预测预警与防治技术于一体的重大工程滑坡综合防控体系(图3)。

三、项目效益

研究成果广泛应用于三峡库区、西南三江、青藏高原、川西山地、云贵高原、湘鄂渝山地等滑坡地质灾害多发地区,开展了大型水利水电、交通、矿山工程和四川地震灾区重大工程滑坡预测预警与治理设计,取得了显著的社会效益和经济效益,发挥了重要的示范作用。

主要完成人:唐辉明、胡新丽、李长冬、王亮清、熊承仁、吴益平、张世殊、章广成、黄书岭、吴琼

完成单位:中国地质大学(武汉)、中国电建集团成都勘测设计研究院有限公司、长江水利委员会长江科学院

省部级科技奖励

SHENG BU JI KEJI JIANGLI

斜坡地质灾害预测与防治的工程地质研究

（2011年度湖北省科学技术进步奖一等奖）

一、项目成果

项目来源于国家自然科学基金、国土资源部、国务院三峡工程建设委员会、湖北省和中外合作。

(1)斜坡地质灾害易发地层工程地质特性研究。研究内容巴东组地层和结构面微观特性与物理力学性质；侏罗系层状岩体沉积特征、物理力学性质、边坡分类和破坏机制；志留系裂隙砂岩岩体结构模型及破坏模式。

(2)区域斜坡地质灾害成生规律研究。以全国15个典型地区为示范，系统开展了区域滑坡成生规律研究，建立了区域滑坡类型、时空分布特征、地层、地质构造、地貌和地理条件的关系。

(3)斜坡勘探、监测、稳定性评价关键技术与方法研究。提出了基于核磁共振技术的滑坡勘探、精细建模与渗流-应力耦合计算方法，研发了基于重力弹簧的电阻式边坡位移测量技术，提出了考虑结构面间距分布不均匀特征的优势节理分组法和分类结构面的融合技术，发展了斜坡地质灾害建模与评价的岩体三维结构面网络模拟技术，提出了基于应力场的斜坡动力和斜坡拟静力稳定性评价方法。

(4)基于GIS的集区域与单体斜坡稳定性评价于一体的斜坡预测理论与方法研究。提出了基于GIS的区域滑坡灾害空间预测方法与指标体系，基于集对论和模糊马尔可夫链的滑坡变形预测及基于降雨的滑坡危险性预警方法，单体斜坡流变参数反演与流变数值模拟方法。

(5)斜坡地质灾害防治机理与优化设计。包括抗滑桩和滑坡体相互作用机理与优化设计、格构梁双参数设计理论与应用研究、桩锚结构的机理及优化设计研究和岩质高边坡复合支挡体系研究等。提出了抗滑工程防治效果研究的思路和方法等。

二、项目效益

研究成果在湖北等省市、三峡和西南大型水电工程、汶川地震区成功应用，取得了显著的社会效益与经济效益，发挥了重要的示范作用。

发表 SCI 论文 31 篇、EI 论文 64 篇、ISTP 论文 35 篇,获专利 5 项、软件著作权 1 项,参加 6 部行业规范和国家标准的编写,组织国际、国内重要学术会议 7 次,促进了地质灾害行业的技术进步与学科发展。

主要完成人:唐辉明、胡新丽、王亮清、吴益平、刘佑荣、熊承仁、程永进、任青阳、章广成、李长冬、刘晓、苏爱军、贾洪彪、胡斌、陈剑文
完成单位:中国地质大学(武汉)

高纯度金刚石超精抛光系列产品开发与应用

（2011年度湖北省科学技术进步奖二等奖）

一、项目成果

项目属于新材料领域。本成果主要包括超细金刚石微粉的提纯、分级研究，金刚石抛光膏、抛光液的制备及其应用研究。

（1）自主开发超细金刚石提纯和精分级技术。提出了以超声波的机械作用、空化作用和热作用强力分散反应体系；开发了专用配方试剂为溶剂；采用中温高压的封闭体系，增强试剂的扩散和渗透能力，显著提高了金刚石晶界间杂质成分的分解效果。超细金刚石中的不可燃残留物小于0.1%，有害杂质SiO_2的含量小于0.015%，达到国际领先水平；利用提纯得到的金刚石的亲水特性，在金刚石微粉洗涤过程中利用立式离心分离方法结合膜管错流分级技术进行在线精分级。精分级最小级别为50nm，500nm以下可分为5个等级。

（2）自主开发高纯度超细金刚石抛光膏、抛光液技术（图1）。在前期金刚石微粉提纯、精分级研究的基础上，通过对其进行机械化学改性，然后选择不同类型的分散剂进行复配，攻克了金刚石微粉在水性介质中的稳定分散难题，成功开发了高纯度超细金刚石抛光膏和抛光液。抛光膏黏度为800~1000 mPa·s、稳定时间不少于12个月，抛光液黏度小于25mPa·s、稳定时间不少于6个月，研究的产品指标达到国际通行的Engis标准。

图1　自行开发的金刚石微粉、抛光液和抛光膏

二、项目效益

开发的金刚石超细微粉、抛光液及抛光膏技术在鄂州金利峰金刚石工具厂、金日金刚石磨料磨具有限公司、鄂州兴旺金刚石制品厂和武汉精准光有限公司实现产业化并应用于高精度光学镜头、光纤连接器等超精抛光领域，利用该技术累计产生经济效益10 089.5万元。拥有该成果的发明专利4项，发表SCI、EI检索论文5篇。

主要完成人：侯书恩、靳洪允、潘勇、肖红艳、严春杰
完成单位：中国地质大学（武汉）

嵌入式数控系统关键技术研究及在专用机床中的应用

(2012年度湖北省科学技术进步奖二等奖)

一、项目背景

当前特殊加工行业的数控技术研究是机械自动化加工领域的研究热点之一。本项目依托湖北省、武汉市科技攻关项目和多项校企合作项目,研究开发了基于嵌入式技术、高性价比、开放性的数控系统装置;并根据企业特殊加工需求,研究了嵌入式数控系统的复杂曲线 NURBS 插补、双轴同步控制、群孔加工轨迹自动规划、自动定心等技术(图1)。以上研究成果及在实际专用机床中的应用,解决了特殊加工中的关键技术问题。

图1 基于不平衡负载的从轴预补偿框图

二、项目成果

(1)提出了一种基于嵌入式数控系统的速度区间划分的 NURBS 插补方法,解决了 NURBS 插补需要较大存储空间而嵌入式数控系统存储空间有限的矛盾,并在枪瞄复杂曲线加工中得到应用。

(2)提出了一种在嵌入式数控系统与 PLC 的集散式控制平台上,采用双侧激光同步扫描管坯获取轮廓数据,在线利用最小二乘法计算管坯中心点的方法,实现了无缝钢管管坯高精度自动定心。

(3)针对大幅面机床双轴驱动结构,提出了一种基于指令双二阶滤波补偿技术的同步控制技术,解决了大型龙门轴的双轴同步驱动控制问题。

(4)针对群孔加工,提出了一种双动力头加工轨迹动态规划技术,避免了由于工件安装位置随机变化造成的协同加工轨迹需重新编程的问题。

三、项目效益

本项目已申报国家发明专利4项,其中授权2项、公开2项。申请计算机软件登记著作权1项,经湖北省科技厅组织鉴定,专家一致认为该软件在嵌入式数控系统技术方面处于国际先进水平。

研究成果已在湖北新冶钢、湖北富华精密光电、长江光电等相关生产企业的特殊加工中得到具体应用,解决了企业关键难题,提高了产品质量,取得了很好的社会效益,创造直接与间接经济效益近2亿元。

主要完成人:王典洪、杨代华、李勇波、倪效勇、甘明、何王勇、吴涛、杨帆、傅华明、王勇
完成单位:中国地质大学(武汉)、武汉中地数控工程有限公司、湖北新冶钢有限公司、武汉工程大学、武汉市润之达石化设备有限公司、湖北富华精密光电有限公司

三维可视化地质信息系统平台 QuantyView 的支撑技术

(2013 年度湖北省技术发明奖一等奖)

一、项目背景

因多项瓶颈式支撑技术难关未能攻克,三维地质信息系统平台一直未能建立,致使地质工作信息化过程迟缓的状况,在国家各类研发基金支持下进行长期探索和研发,取得了重大进展。

二、项目成果

(1)通过 4 项相关专利技术,解决了海量多源地质-地理数据一体化存储、管理和动态调度难题。

(2)发明的基于序列剖面拓扑推理和地质空间定性推理的三维地质建模与重构技术,使快速进行三维可视化地质建模与模型的动态更新和重构成为可能。

图 1 三维可视化地质信息系统平台 QuantyView 的层叠式复合结构模式

(3)发明的地质钻孔柱状图的结构化定制编绘技术和固体矿产储量的三维可视化估算技术,解决了柱状图编绘和矿产储量估算效率低、误差大的难题,而且促进了各种地质图件编绘技术的改进和更新,以及各类矿床储量估算的可视化和动态化。

(4)提出并建立了独特的共用地质数据平台及以此为基础搭建三维可视化地质信息系统平台的解决方案和结构模型。

基于 4 项成果的 7 项专利技术建立的三维可视化地质信息系统平台 QuantyView,具有独特的"多 S"集成特征和独特的技术方法、应用模型与数据管理的层叠式复合结构(图 1),能支持地矿工作主流程数字化和信息化。该地质信息系统平台可存储、管理和动态调度大于 2TB 的海量地质-地理三维空间数据,以及十万个以上三维地质-地理静态目标,能支持三维可视化地质建模和动态重构,可支持进行三维可视化动态建模、空间决策分析和成矿成藏过程模拟,因而是一个功能完善的三维可视化地质信息系统平台。

三、项目效益

共获得国家发明专利授权 7 项、软件著作权证书 4 项，在国内外发表学术论文 200 余篇，被 SCI/EI/CPCI 收录 87 篇。

基于 QuantyView 平台研发的多个应用系统，已经分别在我国多个大型油气田、大型金属矿山、大型煤田、大型水利水电工程的数百个勘查区和矿权监管点得到应用，有力地促进了我国地质行业的信息化，应用前景极其广阔。

主要完成人：吴冲龙、刘刚、田宜平、何珍文、毛小平、翁正平
完成单位：中国地质大学（武汉）、武汉地大坤迪科技有限公司

北喜马拉雅东段金锑多金属成矿机制与成矿预测

(2013年度湖北省科学技术进步奖一等奖)

一、项目背景

北喜马拉雅地区是全球地质学家关注的热点。但由于自然环境恶劣、交通条件差等，矿产调查整体工作程度极低，对该带的理论认识远落后于找矿评价的需求，到 2000 年为止，该带仅有沙拉岗、马扎拉等小型金锑矿床以及一些矿（化）点及找矿线索。总体而言，该带找矿进展不大，是"只见星星、不见月亮"。

二、项目成果

（1）总结提出该带发育 3 期成矿作用及其相关的四大成矿系列；率先提出并发现了沉积-改造型、卡林型-类卡林型、热泉型及次火山岩浆热液型等矿床新类型，同时指出沉积-改造型、卡林型-类卡林型矿床具有形成大型—超大型矿床的成矿条件与找矿潜力，解决了在什么地方找矿、找什么矿的问题，为该带的勘查评价及找矿突破指明了方向。

图1 北喜马拉雅区域控矿构造模式及主要矿床、矿集区分布图

（2）首次系统建立了该带"一盆三横三纵"的"一三三"控矿构造格架及"四要素"找矿新模式（图1）；创新了区域化探数据处理、信息提取及异常评价的思路与方法；率先提出变质核杂岩与金锑多金属等成矿作用无关这一与前人的"藏南变质核杂岩控制金锑成矿"等不同的找矿新认识，为该带的找矿工作部署提供了新的依据、实证。

（3）将该带划分为 5 个成矿远景区；根据主要矿床类型和矿种进一步优选出 47 个各类找矿靶区；同时通过对预测的找矿靶区按前人已有矿点、已有异常、已有"弱异常"及"无异常"分 4 个层次择优开展靶区野外验证，新发现了一批大型—超大型矿床、矿点，自此揭开了该带矿产勘查历史的新篇章。

三、项目效益

在中国地质调查局、教育部等单位的大力支持下，本项目以成矿、找矿理论服务找矿评价实践为核心，经过全体组员十年来的艰苦努力，攻克了该带长期悬而未决的找矿类型及找矿方向难题，丰富了区域成矿找矿理论，创新了找矿技术方法，在确证新矿带、找矿新类型、发现新矿床方面均取得了重大进展或突破，极大地拉动了商业投入，为国家建设新的矿产资源战略基地、促进西藏经济跨越式发展等提供了重要的决策依据，并培养了博士生8名，硕士生20名，发表论文16篇（其中SCI收录5篇，EI收录5篇）。

主要完成人：郑有业、高顺宝、孙祥、田立明、郑海涛、柯贤忠、李光明、杨竹森、王永开、郑磊、徐净、吴松、徐永利、张华平、范文玉

完成单位：中国地质大学（武汉）、中国地质调查局成都地质调查中心、中国地质大学（北京）、中国地质科学院矿产资源研究所、西藏自治区地质矿产勘查开发局第二地质大队

秦岭—大别—苏鲁地区岩石圈组成结构及其动力学过程

（2013年度湖北省自然科学奖二等奖）

一、项目背景

秦岭—大别—苏鲁造山带是华北与扬子陆块之间的汇聚带，呈东西向横亘于中国大陆中部，并构成分割中国南北地质、地球物理、地球化学与自然环境的分界线。对其进行组成结构及动力学过程方面的研究具有重要意义。

二、项目成果

本项目以岩石地球化学方法为主，采用多学科交叉的手段，对造山带主体并向西扩展，进行组成结构及动力学过程研究，取得了丰硕成果。

（1）建立了研究区三维精细化学结构，特别是造山带650～26.5Ma，自东向西深达地幔的组成与结构格架，确认古生代南秦岭处于裂谷阶段，地幔交代强烈；中生代碰撞造山后阶段，发生了块体间、层圈间多元相互作用，深部组成复杂；新生代拉张作用下，软流圈上涌形成岩石圈与软流层并置的格局；揭示出秦岭与华北交界处呈鱼嘴状拆离俯冲结构，深化了地球物理断面的三维解释。

（2）揭示了秦岭造山带不同块体的拼合作用、陆壳俯冲叠置及北秦岭-祁连山的地壳结构；为大陆碰撞过程中陆壳间的俯冲叠置机理提供了地球化学研究方法和实例；提出大陆碰撞背景下，俯冲陆壳熔融产生埃达克质岩浆的新认识。

（3）确定了大别山地壳垂向结构，北大别岩系位于南大别岩系之下，论证了侵位于北大别和南大别构造单元中的白垩纪花岗岩岩浆源区均为北大别岩系；在大别-苏鲁造山带中识别出不同来源的地幔橄榄岩，提供了扬子板块与华北板块碰撞过程中不同块体壳幔相互作用的直接证据。

（4）建立了扬子板块北缘新元古代构造-岩浆事件记录的年代学格架，识别出 Boninite 岩系，指示新元古代初期，扬子板块北缘处于大洋板块俯冲消减的构造环境；揭示出华南在 Rodinia 超大陆重建时位于劳亚大陆与西澳大利亚大陆结合部；对西秦岭的构造属性进行了有效识别，发现西秦岭初始属性是华北并经历了复杂的演化。

三、项目效益

该成果共发表论文118篇,其中20篇核心论文被引803次(SCI他引404次),8篇代表性论文被他引476次(SCI他引294次)。共60人次参加学术会议,主持或发言30人次,培养博士/硕士32名,该成果为造山带结构演化研究在国际舞台上占一席之地作出了重要贡献。

主要完成人:路凤香、张宏飞、郑建平、凌文黎、张本仁
完成单位:中国地质大学(武汉)

就业岗位188个,累计新增产值31 101万元,新增利税9918万元,节约外汇144万美元。项目的实施提升了高岭土产品的附加值,盘活了"呆废矿",为该产业的升级换代提供了新的机遇。

主要完成人:严春杰、梁玉军、陈洁渝、朱小燕、王洪权、周森
完成单位:中国地质大学(武汉)

二叠纪末大灭绝—复苏期生物环境事件和过程

（2015年度高等学校科学研究优秀成果奖自然科学奖一等奖）

一、项目背景

二叠纪和三叠纪之交发生了显生宙最大的生物灭绝事件，使得地球海洋中90%以上的无脊椎动物灭绝，而且大灭绝后三叠纪初的生物复苏也是历时最长的（迟缓复苏）。因此，这次大灭绝及大灭绝后迟缓复苏的生物和环境因素是长期以来国际上的研究焦点和难题。这一重大科学问题解决的关键点：一是要研究重大突变期生物本身的表现形式，即生物灭绝和复苏的过程和型式；二是要研究导致生物大灭绝和迟缓复苏的环境致因及生物对环境的响应。当然，还有一个重要的基础性工作，要建立重大突变事件和过程的地质时间格架。基于此，本项目以高分辨率生物地层学为基础，以扎实的实际化石材料为依托，采用生物统计和化石材料微区、原位分析技术，定量评估重大突变期生物演变形式及多种关键生态环境因子的极端表现形式和演变过程，客观地揭示了该重大突变期的生物和环境异常事件及其相关演变关系和过程，探索了重大地质突变期生物与环境协同演变关系，为正确认识当代全球变化及其对生物和人类生存的影响提供科学参考。

二、项目成果

（1）建立了华南晚二叠世至中三叠世高分辨率的地层划分和对比格架，为深入揭示这一重大地质突变期生物-环境事件的全球对比及其协同演化过程提供了高精度的时间标尺。

（2）基于实际化石材料研究和地层对比分析，提出了二叠纪和三叠纪之交生物大灭绝的两幕式。发现在大灭绝后的生物复苏过程中，处于食物链底层的初级消费者（原生动物有孔虫）复苏明显早于其他食物链上层的无脊椎动物，中生代初完整的生态系统重建始于早三叠世晚期。

（3）利用微区、原位多种分析技术和同位素地球化学方法，构建了从晚二叠世末期到中三叠世早期高精度的古海水温度和古氧相曲线。指出了二叠纪和三叠纪之交由火山作用诱发的长达5Ma的超级温室期和多期大洋缺氧、硫化事件。在此基础上，提出了高温及其触发的海洋缺氧和硫化等地球自身因素是控制古生代和中生代之交生物灭绝和随后生物复苏的主要因素之一，也是导致动物发生小型化和向高纬度地区迁移的原因。

三、项目效益

该项目成果为二叠纪末生物大灭绝的地内起因和三叠纪生物迟缓复苏过程提供了直接

的证据,论证了二叠纪和三叠纪之交重大地质突变期生物与环境的互动演化关系,推动了生物地质与环境地质国家重点实验室的建设与发展,也促进了地球生物学学科的发展,培养了一批地球生物学的青年研究人员,使得我国的地球生物学研究在国际上引人瞩目,项目成果为探索当代人类适应和改造日益恶化的地球环境提供了重要科学参考。本项目自2006年至2015年共发表相关SCI论文61篇。其中,代表性的20篇核心论文在Web of Science上总被引765次,项目10篇代表性论著在Web of Science上总被引544次,CSCD与核心合集他引355次,SCI他引281次。3篇论文入选ESI全球高被引论文,5篇论文入选Nature Index论文,其中发表在 *Science* 1篇,发表在 *Nature Geoscience* 1篇,发表在 *Geology* 2篇,发表在 *Earth and Planetary Science Letters* 1篇。

主要完成人:童金南、赖旭龙、江海水、宋海军、孙亚东
完成单位:中国地质大学(武汉)

关键地史时期地质微生物对海陆环境的响应

（2015年度湖北省自然科学奖一等奖）

一、项目背景

微生物占据生物演化史30亿年的统治地位，是认识地史时期生物与环境相互作用的一个关键角色。然而，长期以来，人们对地质历史时期的微生物了解得极少，主要问题在于地质微生物不能像动植物化石那样可以从形态上鉴定。

二、项目成果

我们通过方法创新，在地质微生物方面取得了一些重要成果。

（1）从地质微生物出发，提出了古生代、中生代之交的多幕生物与环境事件，为解决地质时期最大生物灭绝的地内与地外原因之争做出了重要贡献。

（2）发现地质微生物对古海洋水化学有灵敏的响应能力，修正了对关键地史时期古海洋水化学的一些传统认识。

（3）提出了示踪陆地全球变化的地质微生物新指标，为解决全球变化的古水文难题提供了关键方法。

三、项目成果

该项目的20篇核心论著被103种SCI期刊他引479次，总他引602次，被包括 *Science*、*PNAS* 等在内的 Nature Index 期刊（仅6种地学期刊入选）他引47次。8篇代表性论著被SCI他引370次。项目团队成员以第一作者的身份在地质学顶级期刊 *Geology* 上发表4篇代表性论著，在 *Earth and Planetary Science Letters* 上发表6篇代表性论著。谢树成是Elsevier公布的2014年中国高被引学者。研究成果被 *Nature China* 上升到理论上进行亮点评述，发表的论文之一被列为2008年中国百篇最有影响的国际学术论文。

我们以地质微生物为突破口，引领我国地球生物学的发展，在国际学术界产生显著影响，被孙枢院士认为是地球生物学的国际开拓者之一，著名古生物学家 David Bottjer 在业标准3部，出版专著4部，发表SCI论文16篇、EI论文40余篇，培养70多名硕、博士研究生。

本项目成果在西气东输一、二、三线，中缅油气管道等国家能源战略通道和南水北调、湖北省天然气管网工程等城镇市政管网工程中得到广泛应用。2011—2015年，水平定向钻机和导向仪累计销售4492台，销售收入达13.8亿元，出口创汇1 097.39万美元；累计指导完成油气与市政管网穿越工程12 700 km，工程直接投资170多亿元，不仅保障了我国能源战略通道、地下生命线工程建设的效率和安全，而且避免了管道铺设工程中开挖对道路、河流和环境的影响，大幅减少了粉尘污染和PM2.5排放，具有显著的社会效益。

主要完成人：马保松、张忠海、李国辉、曾聪、童清福、蔡记华、马晓成、胡郁乐、吕伟祥、孔耀祖

完成单位：中国地质大学（武汉）、徐州徐工基础工程机械有限公司、中国石油天然气管道工程有限公司、宁波金地电子有限公司、武汉市燃气热力工程公司

复杂地层钻探取芯工艺技术及实验装置

(2016年度高等学校科学研究优秀成果奖技术发明奖一等奖)

一、项目成果

"复杂地层钻探取芯工艺技术及实验装置"为在复杂地层实施取芯钻探提供了一套工艺技术及实验装置,涉及取芯钻具、钻井液、护壁堵漏、钻进与固井工艺技术等,可根据地层情况和工程目的选配使用。

主要成果如下:

(1)设计了极松散破碎、淤泥质、含天然气水合物、钻孔易斜、深孔等地层的提钻取芯和绳索取芯的取芯器及随钻测量与防斜钻具组合,既实现保真取样,又可有效控制钻孔偏斜。

(2)开发了系列化的复杂地层优快钻进和固井工艺技术,以及孔底数据实时监测技术、金刚石钻头修复技术、卡埋钻事故处理和孔内水力排除岩屑新方法等,有效提高了钻进效率和固井质量。

(3)针对低孔低渗地层、水敏性地层、含天然气水合物地层、页岩气地层和严重掉块、垮塌、漏失等地层,开发了性能好的新型钻井液和固井液及工艺技术,为安全、高质量地实施取芯钻探提供了保障。

(4)开发了系列化的低温地层(包括含天然气水合物地层)、煤系地层、页岩地层等的钻井液和固井液性能测试及孔壁稳定效果评价实验装置,以及钻杆和金刚石钻头质量检测装置,为上述工艺技术的研发和工程应用奠定了基础。

1.钻杆接头;2.心阀;3.弹卡架;4.弹卡钳;5.弹卡管;6.张簧;7.销轴;8.连杆;9."Y"形密封圈;10."O"形密封圈;11.心柱;12.带孔接头;13.钢球;14.调节螺母;15.调节接头;16.扩孔器;17.岩心管;18.外管;19.扶正环;20.取芯爪;21.底喷钻头;22.钢球。

图1 双管强制取芯钻具

图2 水文水井管内投砾成井设备及施工方法

二、项目效益

该技术发明已在湖北、河南、广西、山东、四川、宁夏等地的油气钻探(井)、科学钻探工程、地质钻探、水文地质与工程地质钻探、地震观测井钻探、地热钻探等工程中得到了广泛应用，主要钻探质量指标和钻进效率显著提高，钻探成本显著降低，有效提高了见矿率，在复杂地层地区找矿、深部找矿等方面发挥了重要作用，取得了很好的经济效益和社会效益。

该技术发明包括已授权国家发明专利22项和实用新型专利9项，受理公示国家发明专利14项。

项目团队在国际权威期刊 *Nature communications*、*Energy & Environmental Science*、*Geophys. J. Int.* 等刊物上发表有关该技术发明或依托该技术发明的学术论文100余篇，其中49篇被SCI、EI收录。出版相关专著3部。培养了博士后1名，博士6名，硕士17名。

项目团队入选中共中央组织部"青年拔尖人才"1人、教育部新世纪优秀人才1人、湖北省"楚天学子"1人、享受国务院政府特殊津贴专家1人、湖北省政府"编钟奖"1人、江苏省政府"友谊奖"1人，获中国地质学会青年地质科技奖——银锤奖2人。团队入选湖北省创新群体、江苏省"双创团队"、湖北省优秀创新团队。

(a)暂堵前　　　　　(b)纳米$CaCO_3$暂堵后　　　　　(c)盐酸酸解后

图3　纳米$CaCO_3$暂堵前后煤岩的纳米级孔隙分布

(a)水合物钻井液综合模拟系统　　(b)水合物沉积物动静三轴实验仪　　(c)钻井液侵入水合物地层模拟实验系统

图4　含水合物地层/冰钻进实验装置

主要完成人：蒋国盛、汪发文、蔡记华、宁伏龙、卢春华、刘天乐
完成单位：中国地质大学(武汉)、湖北省城市地质工程院

重大工程滑坡灾变过程控制方法与关键技术

（2016年度湖北省科学技术进步奖一等奖）

一、项目背景

滑坡是我国分布最广的地质灾害类型，重大工程滑坡防控是国家重大需求。在科技部、国家自然科学基金委、中国地质调查局、国务院三峡工程建设委员会等的长期支持下，高校、科研院所和高新企业联合攻关，广泛开展国际合作，针对重大工程滑坡灾变过程控制方法与关键技术，取得了一批具有国际影响的创新性成果。

二、项目成果

本项目紧密结合国家地质灾害防治重大需求，致力于重大工程滑坡灾变过程控制理论、方法与技术一体化，聚焦核心技术与方法创新，系统研发具有自主知识产权的大型原位试验与现场监测装备，成功应用于重大工程滑坡多场监测与优化控制。

（1）本项目发展了灾变模式-演化阶段判识-过程控制方法一体化的滑坡灾变过程控制理论，实现了对重大工程滑坡灾变过程的有效控制。提出了工程滑坡顺层渐进、切层渐退、溃屈失稳、弯折滑移、软弱滑脱和深层蠕变灾变模式，建立了基于多场信息的滑坡过程定量判识体系，提出了重大工程滑坡灾变过程控制方法。

（2）本项目揭示了重大工程滑坡灾变过程结构演变规律，构建了与灾变过程相对应的滑坡结构演变体系，提出了基于结构演变的滑坡动态稳定性评价方法，实现了工程滑坡灾变全过程的稳定性动态评价。

（3）本项目自主研发和改进了滑带土大型原位直剪试验和三轴流变原位试验装备，实现了大尺度滑带土直剪和三轴流变原位试验；集成惯性测量、GNSS、数据通信、Web和Openlayers等新技术，构建滑坡自动化监测信息化系统平台，实现了滑坡灾害的全断面、多参数、大位移、全天候实时监测预警。

（4）本项目揭示了灾变滑坡-抗滑结构体系演化与变形时效规律，建立了滑坡-抗滑结构体系的协同变形模型，提出了抗滑桩群和锚索群优化设计方法，更加科学、合理地确定了抗滑结构的布局和结构参数，有效降低了工程投资费用，具有动态性、全局化综合优势。

三、项目效益

研究成果广泛应用于湖北、四川、重庆、贵州、西藏和宁夏等地质灾害多发地区，系统开展了滑坡地质灾害控制综合示范、监测预警和治理工程设计,开展了三峡和西南等大型水电工程、湖北高速公路工程、金顶和发耳等矿山工程、四川地震灾区地质灾害预测预警与治理设计,取得了显著的社会效益与经济效益,发挥了重要的示范作用。

图1 黄土坡滑坡滑带土原位直剪试验

图2 滑带土原位三轴流变试验

图3 基于惯性测量的滑坡位移监测

图4 固定式GNSS地表位移监测仪

图5 应急式GNSS地表位移监测仪

图6 滑坡多场信息实时动态监测预警平台

图7 基于滑坡三维空间分布特征的抗滑桩平面优化布设

主要完成人:唐辉明、胡新丽、吴益平、焦玉勇、王亮清、熊承仁、刘晓、章广成、李长冬、曾志刚、余丛华、张秀丽、吴琼、胡斌、任青阳

完成单位:中国地质大学(武汉)、中国科学院武汉岩土力学研究所、华中科技大学、湖北高通空间技术有限责任公司

青藏高原及其邻区构造-岩浆作用及其深部动力学过程

(2016年度湖北省自然科学奖二等奖)

一、项目背景

青藏高原的隆升对全球气候和环境具有深远影响,它的形成过程与机制一直是地球科学领域的前沿研究课题,也是大陆动力学研究的核心问题之一。在国家自然科学基金委员会和国土资源部项目的共同资助下,项目团队克服青藏高原恶劣的野外工作条件,历经十多年的不懈努力,在青藏高原及邻区构造-岩浆作用及深部动力学过程等科学问题上取得了具有重要国际影响力的创新性成果。

二、项目成果

(1)首次确定了喜马拉雅造山带渐新世地壳熔融事件,阐明了喜马拉雅造山带渐新世—中新世淡色花岗岩的岩石成因及其与构造变形的关系,为揭示全球其他碰撞造山带地壳熔融与构造动力学过程之间的关系提供了重要的理论创新依据。

(2)首次确定了冈底斯带存在的中新世高 Sr/Y 型大规模花岗岩岩基,并认为其岩浆源自俯冲印度地壳的部分熔融,论证了印度板块至少在约 14 Ma 时已俯冲于冈底斯带之下,揭示了冈底斯带在约 14 Ma 时的快速隆升过程。

(3)精细刻画了东喜马拉雅构造结地区从新特提斯洋壳俯冲到陆-陆碰撞阶段的深部过程,揭示了陆-陆碰撞过程中的俯冲剥蚀作用和构造底辟作用(relamination)对地壳的改造过程,提出印度陆壳渐新世—中新世自东向西依次断离的动力学模型。

(4)揭示了松潘造山带具有扬子型地壳基底,同时存在印支期岩石圈拆沉作用,提出同期的 A 型花岗岩和埃达克质岩浆作用组合是岩石圈拆沉作用发生的一个重要标志。项目成果揭示了青藏高原形成与演化的深部过程,对认识青藏高原隆升的气候和环境效应以及在青藏高原开展矿产资源勘查具有重要的理论指导意义。

三、项目效益

该项目成果发表在国内外地球科学顶尖杂志上,8 篇代表性论文他引 471 次,20 篇主要论文他引 678 次,在国内外产生重要影响,起到了引领作用。该团队成员多次被邀请在国内外学术会议上做特邀报告或主题报告。项目第一完成人张宏飞进入2014和2015年度ISI全球地学与行星科学领域高被引用率科学家排名录。这些成果显著提升了中国科学家在青藏高原研究领域的国际影响力和地位,推动了地球化学学科的发展,培养了多名博士和硕士。

主要完成人:张宏飞、徐旺春、郭亮、潘发斌
完成单位:中国地质大学(武汉)

南海北部大陆边缘盆地动力学及其资源效应

(2017年度高等学校科学研究优秀成果奖自然科学奖二等奖)

一、项目背景

南海海域位于欧亚板块、太平洋板块和印-澳板块的交会地带,其演化受控于洋、陆板块的相互作用,是全球构造运动最为活跃的地带之一,也是地球系统动力学研究的前沿与热点地区。南海北部大陆边缘既具有独特的构造环境和丰富的地质记录,又具有海量的地质和地球物理资料,是研究南海大陆边缘动力过程的最佳场所。

二、项目成果

项目组经过10多年研究,围绕南海西部大陆边缘盆地形成演化、沉积充填及构造-沉积响应开展综合分析,进而揭示这些盆地油气与天然气水合物赋存的成因联系。研究取得了如下系统的创新性成果。

(1)阐明了南海北部陆缘深水成盆机理。基于盆地沉积充填序列和盆地构造的研究,对比分析了晚中生代以来中国东部和海域裂陷作用的分布和幕次演化,认识到南海是中国东部岩石圈持续伸展以致最终破裂作用的产物。太平洋板块、印-澳板块和欧亚板块不均衡汇聚作用是南海陆缘形成和演化的一级控制因素,与国外主要见于离散板块背景的伸展陆缘形成鲜明的对比。以长电缆地震剖面和高精度的3D地震剖面解释和重磁震联合反演为基础,首次研究证实南海北部陆缘深水区存在大型拆离断层及其所控制的拆离盆地,深刻改变了传统深水裂谷盆地结构样式和岩石圈"瞬时伸展破裂"成盆机理的认识,揭示了"地壳拆离薄化作用"的控盆机理,在南海北部圈定出11万 km^2 拆离盆地群,支撑了走向深水的重大勘探决策。

(2)揭示了陆缘盆地裂后期异常沉降的成因机制。基于地震剖面的解释和分析,应用岩石圈变形的挠曲悬臂梁模型和挠曲均衡模型,结合正演和反演模拟技术,定量恢复了南海北部陆缘伸展盆地裂后期沉降史以及上地壳、地壳及岩石圈的拉伸程度。结果表明,盆地裂后期的沉降并非McKenzie模式预测的幂指数率沉降,而是偏离理论沉降曲线,显示出多幕由快到慢的沉降过程,是一种与大西洋型被动陆缘裂后热沉降明显不同的异常沉降。南海北部陆缘岩石圈上地壳的拉伸系数较小,β 值最大为1.26,整个地壳的拉伸系数变化较大,陆架区 β 值在1.1~1.2之间,向陆坡深水区 β 值逐渐增大到3.14,而整个岩石圈的拉伸系数 β 值也从2逐渐增大到4。根据对南海地区及其周边地质构造分析提出上述与深度相关的岩际学术会议和短期课程5次,项目执行期间共发表相关文章38篇,在AGU、GSA等国内外学术会议口头报告23人次,特邀报告15人次,会议召集人和会场主席6人次,1人入选"长江学者"、美国地质学会会士、"中国高被引学者"名录、地球科学Top1‰同行评议人贡献奖和获湖北省人民政府"编钟奖",3人次获得中国地质学会青年地质科技奖、湖北省优秀学术论文一等奖和湖北省优秀博士生等奖励。

主要完成人:Timothy Kusky、王璐、王军鹏、邓浩、王振胜
完成单位:中国地质大学(武汉)

大型非开挖水平定向钻机全生命周期关键技术研究

（2019年度湖北省科学技术进步奖二等奖）

一、项目背景

大型非开挖钻机是大型地下管线穿越工程的核心装备，"西气东输""南水北调"等国家战略工程的实施，迫切需要研发具有自主知识产权的大型非开挖钻机。

二、项目成果

项目对大型非开挖钻机全生命周期的设计制造、导向施工、监控决策和售后培训等方面的关键技术难题进行深入研究，历经10余年攻关，取得如下创新成果。

（1）首次在行业内实现全三维非开挖钻机零部件与整机的数字化设计。建立了精确计算定向钻进回拖力的修正模型和算法，提出关键零部件的三维自动设计流程和方法，开发非开挖钻机三维数字化设计软件，提高设计质量，缩短设计周期，实现"所想即所得"，解决大型非开挖钻机设计理论不成熟和过于依赖经验的难题。

（2）首次提出变步长钻进深度区间智能控向算法，解决长距离定向钻进难以精确导向的难题。建立了精确导向的变步长区间控向模型，提出基于泰勒展开式的随钻测量工具面角实时解析最优算法、双电磁感应钻进深度随钻实时检测方法，研制基于机器视觉的智能导向系统，实现精确导向智能控制决策。

（3）实现钻进工况参数的随钻实时检测，并首次将远程监控应用于非开挖钻机行业，解决施工现场无法及时发现与解决非显性问题的难题。研制基于微处理器的分布式非开挖钻机工况参数实时监控系统，全面监测非开挖钻机工况信息、钻进深度信息，实时开通触电报警功能，通过电控子系统输出精确可控电流，自动调整液压控制元件工作参数，实现远程辅助决策与主动维保。

（4）首次在行业内实现虚拟实训。建立了高真实感、多维沉浸感的钻机模型及工作场景，构建完备的非开挖钻机渐进式培训体系，开发钻机结构认知、钻机操作及钻进施工的三大实训模块，发布桌面式、虚实结合式、头盔式3种实训版本，解决了大型非开挖钻机实训费时费力且安全隐患大的难题。

三、项目效益

代表性成果包括授权发明专利及实用新型专利 35 项,发表代表性论文 15 篇,登记软件著作权 10 项。本项目成果填补了国内多项技术空白,并在非开挖钻机制造企业和非开挖工程施工企业推广应用。依托本项目研发首台 ZT-400 钻机,促进国外同类产品的大幅降价。产品远销海外 20 多个国家,实现累计销售总额 8.69 亿元;完成重大非开挖工程超过 500 项,大幅降低维保费用和培训成本,取得了显著的经济效益和社会效益,为推动我国非开挖钻机行业发展和进步做出了重要贡献。

图 1　利用本技术研制的 ZT-400 大型非开挖钻机

图 2　基于视觉的导向控制技术

图 3　远程监控系统软件

图 4　多版本虚拟现实实训系统

主要完成人:文国军、王玉丹、于峰、吴川、梅爽、贾绍宽、王巍、赵权、陈国强、徐林红、刘浩杰、吴玲玲、靳玉生、徐松、牛民

完成单位:中国地质大学(武汉)、无锡市钻通工程机械有限公司

航天器轨道鲁棒性设计方法及应用

(2019年度湖北省科学技术进步奖二等奖)

一、项目背景

在我国航天强国建设过程中,无论是遥感卫星、通信卫星,还是导航卫星,它们能够成功运行并提供服务的核心与根本要素,都是航天器轨道的鲁棒性优化设计。实际上,航天器轨道鲁棒性优化设计是各项航天任务的基础,对航天系统的总体应用性能具有重要的影响。

项目的实施提高了我国在航天器轨道鲁棒性设计与优化上的核心竞争力,突破了国外在航天器轨道鲁棒性设计上对我国的技术封锁,实现了航天专业工具软件的自主可控。

项目以航天器轨道的鲁棒性设计为核心,构建了从轨道计算、轨道设计到轨道应用的三位一体创新技术体系,提出了航天器轨道鲁棒性优化设计的新方法。在航天器初轨设计、精轨设计、鲁棒性优化设计、航天器轨道优化专业软件研发等方面,开展了10余年的持续探索与技术攻关,取得了重大突破。

二、项目成果

(1)在初轨设计中,针对传统的圆锥曲线拼接法需要耗费大量计算时间,并且无法精确控制计算精度的问题,创新性地将逃逸轨道和捕获轨道的参数作为决策变量同时进行优化,首创了演化圆锥曲线拼接法,解决了传统圆锥曲线拼接法鲁棒差的问题,显著提高了轨道拼接的效率和成功率。

(2)在精轨设计中,针对航天器轨道设计的强非线性、收敛域非常小、初轨结果往往导致微分修正失败等问题,提出了逐次逼近打靶法,通过将航天器轨道设计问题映射到一个弱非线性的相空间下进行设计,实现了误差影响下的空间轨道鲁棒性优化设计,降低了初值的敏感性,并极大地提高了算法的计算效率。

(3)将项目提出的精确轨道计算技术与鲁棒性优化设计技术进行集成,研发了一款自主可控、具有我国完全知识产权的航天器轨道优化设计软件平台,实现了航天器轨道的鲁棒性优化设计,突破了国外在航天专业工具软件上对我国的技术封锁,为实现我国航天专业化工具软件的自主可控奠定了坚实的基础。

三、项目效益

该项目团队出版学术专著2部,发表学术论文9篇,获计算机软件著作权7项,突破性项目编制规程或规定 5 部(主编 1 部),出版专著 8 部,发表论文 112 篇(其中 SCI 论文 35 篇、EI 论文 40 篇),共获得授权发明专利 15 项,实用新型专利 5 项,软件著作权 16 项。

图 1　滑坡稳定性计算分析软件　　图 2　固结灌浆钻孔桩墙技术　　图 3　钢桁架暗撑筒形薄壁基坑快速支护技术

主要完成人:苏爱军、张奇华、刘军旗、唐建东、王菁莪、卢波、龚松林、卢华峰、夏震、汪斌

完成单位:中国地质大学(武汉)、长江水利委员会长江科学院、中国建筑西南勘察设计研究院有限公司、武汉时代地智科技股份有限公司

石油污染土壤的油葵-微生物协同修复与生物柴油联产技术与应用

(2020 年度湖北省科学技术进步奖二等奖)

一、项目背景

该项目由中国地质大学(武汉)和湖北省地质局水文地质工程地质大队联合完成。

我国有 480 万 hm^2 的石油污染土壤亟待治理修复。但是,由于微生物修复周期长,经济性差,植物修复缺少耐性品种,修复的土壤与植物难以安全利用,石油污染土壤修复工作仍难以大面积开展。另外,生物柴油是一种新能源,但该产业发展遇到了原材料短缺和传统工艺落后的瓶颈问题。基于此,项目组提出利用油料作物与微生物协同修复石油污染土壤,再利用修复过程中产生的油清洁生产生物柴油的新思路;形成了石油污染土壤的油葵-高效降解菌群协同修复与生物柴油联产技术,并进行了工程化应用。

二、项目成果

(1)率先形成了油葵-高效降解菌群协同修复石油污染土壤新技术。筛选出抗逆性强、产油量高且油品好的油葵作为修复植物,构建了石油烃高效降解菌群,研制出固体和液体修复菌剂,利用铺设隔盐层阻止返盐和覆盖有机疏松剂调节土壤条件,确定了先微生物再油葵-微生物协同修复的工程实施方案。工程化应用 4 个月,重污染区土壤中的石油烃从 1%~5%降至 0.1%以下,降解率达 90%以上;种植的油葵长势良好,连续种植 2 年后,石油烃降至 0.04%以下,总降解率达到 96%以上。

(2)创新性地提出将石油污染土壤修复产出的油葵籽油用作生物柴油原料的技术路线。研究证实,石油污染场地上种植出来的油葵籽油以油酸为主,酸值和氧化值低,甘油三酯转化率达 100%,是生物柴油生产的优质原料。该技术路线既能做到土壤与植物的安全利用,又能缓解生物柴油原料紧缺的问题。

(3)自主研制出 $MnCO_3/Na_2SiO_3$ 颗粒催化剂新材料,实现生物柴油的连续清洁生产。自主研制出 9 种固体碱催化剂材料,其中 $MnCO_3/Na_2SiO_3$ 颗粒催化剂材料廉价易得,具有理想的粒度(0.99~1.99mm),在甲醇亚临界状态(温度≤175℃)下,可重复利用 10 次,连续使用 85h 以上,催化甘油三酯向生物柴油的全部转化。设计制造出以该催化剂为核心的非均相催化连续生产生物柴油工艺与设备,实现了 100kg/d 规模的中试生产,生物柴油产品能达到国家《B5 柴油》(GB 25199—2017)标准。

三、项目效益

该成果获得发明专利 5 项,发表学术论文 17 篇,在多国举办的国际会议上进行了报告展示。培养了 3 名博士,11 名硕士。科技成果评价专家组认为:该项目科技成果达到国际先进水平。该成果已在江汉油田 50 多块石油污染场地上成功应用,大大改善了石油矿区的生态环境,使多年荒废、寸草难生的石油污染场地成功收获了超过 2 万 kg 的油葵籽油。该技术正在中原油田和长庆油田等地进行试用和推广,前景广阔。

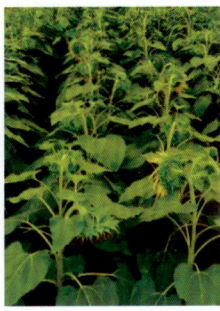

图 1 该项目石油污染土壤修复工程中种植的 4 种油葵的长势

图 2 液体(桶装)和固体(袋装)修复菌剂(左)、高盐区铺设隔盐层(中)、
土壤表层覆盖有机疏松剂(右)

图 3 石油污染场地某重污染点位剖面土壤中石油烃(左)含量和
多环芳烃(右)含量随修复时间的变化

图 4 修复前污染场地(左)、修复过程中油葵苗期(中)、收获的油葵(右)

图 5 自主研制的几种代表性固体碱催化剂的扫描电镜图片
(从左向右依次为 $MnCO_3$、$MnCO_3/Na_2SiO_3$、$MnCO_3/ZnO$ 和煤渣$/K_2CO_3$)

图 6 非均相催化连续生产生物柴油设备(左)、生物柴油与甘油的自动连续分离(右中)、
使用后的催化剂(右上)、原料油与产品(右下)

主要完成人:刘慧、李智民、李民敬、彭正华、冯亮、童蕾、蔡烈刚、罗泽娇、朱书奎
完成单位:中国地质大学(武汉)、湖北省地质局水文地质工程地质大队

隧道重大地质灾害源探测评估关键技术创新与应用

(2021年度湖北省科学技术进步奖一等奖)

一、项目背景

项目由中国地质大学(武汉)、中国科学院武汉岩土力学研究所、山东大学、中国矿业大学、中铁十一局集团有限公司等单位联合完成。

以隧道为控制性工程的川藏铁路、滇中引水、京台高速等重大基础设施建设是我国当前的战略需求。艰险地质条件下隧道工程建设常遭遇不明断层、溶洞和含水构造等地质灾害源,导致塌方、突水突泥等重大灾害事故发生。长期以来,隧道超前地质探测技术装备多依赖进口、操作复杂、设备昂贵、耗费时间、精度不高且干扰施工,风险评价多依赖经验。不良地质体诱发的重大隧道工程事故频繁发生,地质灾害源探测精度差、风险评估依赖经验、灾害预警不准是隧道安全高效建造的关键科技难题,亟待攻克。

二、项目成果

项目组在国家重点基金、"973计划"及重大隧道工程项目的支持下,历经10余年攻关,取得了如下成果。

(1)实现了隧道作业面智能地质感知和近场围岩地质透明化。研发了隧道炮孔随钻探测、钻孔立体成像等技术,提出了孔内光学、电磁、声学等多源探测信息的无缝融合理论算法,研制了炮孔随钻探测仪、钻孔电视-雷达-超声探测成套装备,攻克了信息自动化获取、多手段协同和立体成像难题。

图1 总体思路

图2 钻孔探测成套装备

图3 隧道地震法超前地质探测技术设备

图4 隧道施工风险安全管理平台

图5 技术先进性对比

（2）实现了不停工条件下中远场重大地质灾害源的精准探测。首创以掌子面爆破为震源的地震法超前地质探测技术，提出了远场地震法与中场电磁法超前探测信息的耦合解译方法，解决了掌子面中远场超前地质探测耗时、设备昂贵、精度低、干扰施工等难题。

（3）实现了隧道重大地质灾害源风险规避和施工安全科学决策。提出了隧道重大地质灾害源风险评估系列数学模型，开发了基于大数据、物联网、人工智能和云计算技术的隧道施工风险管控、智能决策平台，解决了隧道施工风险评估、灾害预警依赖经验和智能化程度低的难题。

三、项目效益

项目授权美国发明专利1项、中国发明专利57项、实用新型专利19项、软件著作权24项，入选国际岩石力学与岩石工程学会建议方法，获全国发明专利博览会金奖和全国杰出专利；主编行业标准1部、参编地方标准1部，主编省级工法1部，出版专著4部；发表SCI论文48篇、EI论文44篇。项目成果成功应用于湖北、福建、山东等20余个省份超500km的隧道建设，破解了隧道施工受艰险地质条件制约的瓶颈问题，经济效益5.6亿元，社会效益显著，整体提升了我国隧道工程超前地质探测和风险评估的科技水平。

主要完成人：焦玉勇、谭飞、韩增强、王浩、成帅、金青、汪进超、王迎超、张国华、屠文锋、田湖南、王川婴、覃卫民、陈迪杨、张为社

完成单位：中国地质大学（武汉）、中国科学院武汉岩土力学研究所、山东大学、中国矿业大学、中铁十一局集团有限公司

三叠纪海洋生态系统的崩塌与重建过程及环境制约

（2021年度湖北省自然科学奖二等奖）

一、项目背景

目前地球遭受的各种极端环境气候事件在历史上都发生过，特别是2.52亿年前，即二叠纪—三叠纪之交（P—T），发生了地球历史上最大的生物灭绝事件，导致约90%的海洋物种永远消失（图1）。

这次大灭绝的元凶是什么？大灭绝后生态系统又如何复苏重建？这些科学问题一直是国际地学界的研究热点。项目组首先"建立高精度生物-年代地层格架"，提出国际对比标准，在此基础上，开展大灭绝的模式和元凶以及其后的生物复苏三个方面的研究工作。

图1 地质历史时期生物多样性变化图

二、项目成果

（1）建立华南地区三叠纪标准牙形石带和高分辨率生物-年代地层格架，成为《国际地质年代表》采用的标准生物带；提出以牙形石物种 Novispathodus waageni eowaageni 的首现作为划分全球印度阶—奥伦尼克阶（I-O）界线的标准化石，并获得国际同行的普遍认可（图2），使我国安徽巢湖剖面成为全球I-O界线"金钉子"最具竞争力的候选剖面。

（2）发现P—T大灭绝中的第一幕以生物多样性剧减为特征，第二幕整个生态系统坍塌，因此，大灾难中生物多样性的剧减早于生态系统崩塌。

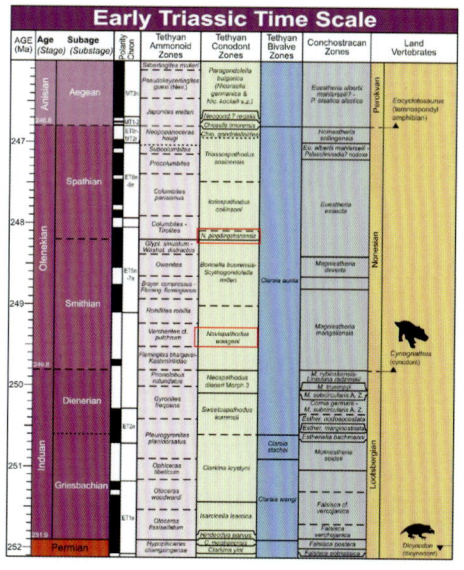

图2 《国际地质年代表》三叠纪牙形石生物带

此外,我们的研究表明,P—T之交海洋重金属毒化和极端缺氧事件与生物大灭绝同期发生(图3),并提出西伯利亚大火成岩省火山的强烈爆发是造成这些极端环境和大灭绝的元凶。

(3)总结出在大灾难之后,生态系统从食物链金字塔的底层向顶层呈阶梯式复苏的模式;整个生态系统需要近800万年才完成重建(图4)。该成果被 Nature、Science 及其子刊引用19次,被 PNAS 引用10次。为研究大灾难后生物复苏提供新思路,长期引领国际生物复苏的研究。

三、项目效益

5篇代表性论文SCI总他引447次,2篇为 Nature Index 期刊论文,1篇连续9年为高被引。在项目开展期间:1人当选教育部长江学者特聘教授;1人当选国际地层委员会三叠系分会主席;1人先后两次担任联合国科教文组织国际地学研究计划项目主席(IGCP-572;IGCP-630项目);3人当选国际地层委员会I-O界线"金钉子"工作组投票委员;培养了一批青年才俊:研究员1人,副教授8人,博士后1人,博士15人,湖北省优秀硕士1人,李四光优秀学生(博士)提名奖1人,为我国的地球生物学研究持续引领国际前沿做出了重要贡献。

图3 P—T之交生物多样性剧减、火山事件强烈喷发(汞地球化学)和海洋缺氧事件(草莓状黄铁矿粒径)耦合图

图4 大灭绝后海洋生态系统自食物链金字塔的底层向顶层呈阶梯式复苏的模式图

主要完成人:CHEN ZHONG QIANG、赵来时、黄元耕、王向东、吕政艺

完成单位:中国地质大学(武汉)

城市地下排水管网隐患智能探测与非开挖修复成套技术

(2021年度湖北省科学技术进步奖二等奖)

一、项目背景

我国城镇地下排水管网规模巨大，总长度已突破120万km，是城市重要的地下生命线，然而排水管网老化失修严重，病害问题十分突出，安全运行面临严峻挑战。党和国家领导人高度重视市政管网安全，多部委相继出台政策，对市政管网灾害防控和智能运维提出重要批示与指导意见。地下排水管网为城市线性隐蔽工程，管材质量参差不齐，运行条件及地质环境复杂，关键科学技术问题亟待解决。

二、项目成果

(1) 开发了复杂服役条件下地下排水管网内部和外部隐患全空间一体化智能检测系统技术，提出了地下排水管网隐患全空间智能、量化识别方法，发明了管道全景检测和管内探地雷达探测系统，开发了基于深度学习的管道多元病害数据智能检测算法，研发了满水条件下管道渗漏电法检测仪和双轴动力声纳检测系统，解决了地下排水管网外部隐蔽病害探测、满水条件下隐患识别等关键技术难题。

(2) 建立了基于机器学习的地下排水管网量化安全评估模型，发明了地下管道多灾变模拟试验系统，揭示了在管内流体、管外地下水、上部交通荷载等多因素耦合的作用下，排水管网病害类型及等级

图1 管道全景检测、管内雷达探测设备和管道双轴动力声纳检测系统

图2 LED紫外光固化管道修复车和修复装备

图3 FIPP热塑成型非开挖修复材料和装备

图4 大直径管道特种砂浆喷筑非开挖修复材料和装备

对管道服役性能的影响规律，提出了基于自适应粒子群算法的管道最大应力预测方法，建立了多病害相互影响和多因素耦合作用下的地下排水管网安全评估量化模型。

（3）开发了城市管网非开挖修复技术体系。研发了渗漏、沉降等管道外部隐蔽病害不停水高聚物精细注浆修复成套技术及装备，开发了管道开裂、腐蚀等结构病害LED紫外光固化内衬、异形管道热塑成型、大直径管道特种砂浆喷筑等非开挖修复技术及装备，解决了不同管材、不同管径、不同形状、不同运行环境的排水管网内部与外部病害一体化修复技术难题。

三、项目效益

本项目成果获授权专利58项，其中发明专利42项（国际专利9项，含美国发明专利5项），主持编制国家标准1部、国家行业标准3部，发表EI、SCI论文58篇，出版专著5部，获2011年度国际非开挖学术研究奖。

该项目成果主要技术指标整体达到国际领先水平，成功突破了地下排水管网隐患探测与非开挖修复关键科学技术难题，有效解决了管网病害导致的城市黑臭水体、城市内涝、道路塌陷等问题，提高了污水处理效率，为国内外城市地下排水管网安全和高效运维提供了系统解决方案，成果形成的产品远销美国、日本、加拿大等13个国家，并已在国内武汉、北京、上海等20多个城市地下排水管道检测修复与应急抢险工程中得到广泛应用，产生了巨大的经济效益和社会效益。

主要完成人：马保松、方宏远、曾聪、王念念、安关峰、刘志国、廖宝勇、陈先明、闫雪峰、倪芃芃、赵焱、惠二青、赵鹏、刘添俊、王磊

完成单位：中国地质大学（武汉）、郑州大学、武汉中仪物联技术股份有限公司、广州市市政集团有限公司、厦门安越非开挖工程技术股份有限公司、长江生态环保集团有限公司、中山大学、哈尔滨工业大学水资源国家工程研究中心有限公司、郑州安源工程技术有限公司、南方工程检测修复技术研究院

陆相湖盆中心中深层有效储集体发育机制、预测关键技术及应用

（2021年度湖北省科学技术进步奖二等奖）

一、项目背景

在湖盆中心和中深层寻找油气，实现勘探突破，已成为重要发展趋势。但湖盆中心储集体多呈砂泥薄互层，空间展布随机性大，且非均质性强，这些特征严重影响勘探成效。针对这一重大生产需求，科研团队经过十余年持续攻关，查明了有效储集体发育机制，研发了预测关键技术，形成了"陆相湖盆中心中深层有效储集体发育机制、预测关键技术及应用"系列科研成果（图1），取得了一批突破性的勘探成果。

二、项目成果

（1）建立了陆相湖盆中心大型水道型重力流沉积模式，揭示了陆相湖盆中心中深层有效储集体发育的新成因机制，突破了早期面状重力流沉积模式，更好地解释了油气藏空间分布规律，转变了勘探思路（图2）。

（2）研发了随机介质地震反演方法和预测技术，解决了湖盆中心砂泥薄互层识别难的关键技术难题。在地震采集上，创新性地应用了照明技术优选最佳激发、接收参数，确定了小面元、大排列、宽方位的采集参数，显著提高了资料品质；在数据处理上，采取浅—中深层Q体补偿技术，获得高品质三维地震数据体；在储集体识别上，应用数理统计学，研发了非平稳FFT－MA随机介质建模方法和相控随机介质地震反演方法，显著提高了储集体预测精度。

（3）形成了地质与地球物理深度融合的一体化综合分析技术体系。基于地质新理论指导，建立了以随机介质反演与谱分解融合新技术为核心的"四定"砂岩储层预测方法，使其薄互层岩性圈闭识别准确率达到85%，明显优于早期技术（图3）。

三、项目效益

项目成果在大港油田、江汉油田、冀东油田、福山油田、华北油田等单位得到了广泛应用，转变了勘探思路，拓展了新领域、新层系，优选百余个目标，新增了三级储量约1.9亿t，创造了利润逾5亿元。

围绕研究成果共发表125篇学术论文，其中SCI检索55篇、EI检索60篇，获批国家专利10项，出版专著4部，教材4部；团队培养博士后6人，博士21人，硕士45人，入选湖北省

优秀博士学位论文2篇。科研团队入选国家级教学团队,其中7人晋升为副教授,1人入选湖北省政府"楚天学子"。同时,团队为油田技术人员开展培训,每次培训达600人,有效促进了石油勘探理论水平与预测技术水平的提高。

同时,该成果对相似的盆地中心中深层有效储集体的勘探具有很好的借鉴作用。

图1 项目研究思路介绍　　图2 新老沉积相图评价效果对比　　图3 陆相湖盆中心中深层有效储集体预测技术体系

主要完成人:王华、黄传炎、韩国猛、王家豪、唐海、陈思、牟连刚、甘华军、杨修伟、石倩茹、廖远涛、刘恩涛、朱美衡、陈振林、董越崎

完成单位:中国地质大学(武汉)、中国石油天然气股份有限公司大港油田分公司、中国石油化工股份有限公司江汉油田分公司物探研究院、郑州大学

前言

在保持经济较快增长的同时实现碳达峰,是我国面临的严峻挑战。作为世界上最大的发展中国家,努力实现经济较快增长是我国的重要目标。中国在面临碳减排压力的情况下,提出了 2030 年前实现碳达峰的目标。低碳经济增长被看作是既能促进经济增长,又能实现碳减排目标的经济模式。按照中国的现代化进程和国家自主贡献目标,中国需要开创一条比欧美等发达国家传统发展路径更为低碳的,在更低收入水平上达到更低峰值水平的崭新的发展路径。与欧美国家的自然达峰不同,中国实现的是人为达峰。

中国预计在 2035 年基本实现社会主义现代化,人均国内生产总值(GDP)在 2020 年的基础上翻一番。碳达峰既表示在某一年碳排放量达到最大值,也表示碳排放的趋势性变化。中国需要在"十五五"规划期间实现碳达峰,在"十六五"期间进入峰值平台期,二氧化碳排放量稳中有降。如果 2030 年以后碳排放量继续增长或大幅反弹,那么 2030 年前就不能实现碳达峰。

我国低碳经济增长路径包括多个维度。在宏观层面,有宏观路径;在中观层面,包括行业路径和地区路径。不同维度的低碳经济增长路径之间有内在的联系。碳排放的驱动力中既有增加碳排放的力量,也有减少碳排放的力量。当碳强度下降导致的减少碳排放的力量能抵消 GDP 增长引发的增加碳排放的力量时,碳排放就实现了达峰。

国外已经实现碳达峰的国家的经验对中国没有直接的借鉴意义,因为已经实现碳达峰的国家在许多方面都与中国不同。虽然中国不能照搬国外已经实现碳达峰国家的经验,但是这些国家的碳达峰过程仍具有启发性。第一,峰值虽然出现在某一年,但是达峰却是一个过程,是一个趋势性的转折,是减少碳排放的力量从根本上超过增加碳排放的力量的结果。第二,严格控制工业的碳排放,与工业化国家工业增加值通常仅为 20%~30% 的比重相比,中国工业增加值占 GDP 的比重为 30%~40%,导致中国碳排放强度比世界平均水平要高出许多,如果工业不能率先碳达峰,那么中国在 2030 年前实现碳达峰的目标将难以完成。第三,国外化石能源资源较多的国家通常人均碳排放峰值较高,我国缺油少气,但煤炭资源较为丰富,经济发展对煤炭的依赖程度较高,要在较低的人均碳排放水平实现碳达峰较为困难。

在宏观层面,经济增长速度与碳强度下降速度的对比决定了一国能否实现碳达峰。如果在"十五五"期间碳排放强度的下降速度能赶上经济增长速度,并且在"十六五"期间能超过经济增长速度,那么就可以在2030年前实现碳达峰。通过创新驱动来发展现代化产业体系,优化产业结构,包括三次产业内部结构调整,既能挖掘经济增长的潜力,也能降低单位增加值能耗和碳排放强度。如果将2030年和2035年能源消费量分别控制在60亿t和64亿t以内,并且煤炭消费在"十四五"期间达峰,石油消费在"十五五"期间达峰,在"十六五"期末煤炭、油气和非化石能源在一次能源中的比重能分别达到40%、30%和30%,中国就可以在2027年实现碳达峰,峰值约107亿t,比2020年增长约5.0%。这只是在当前条件下的设想,随着形势的变化可以进行调整。例如,"十四五"规划的某些指标可能会超额完成,也可能有些指标会达不到预期,那么在后面制定"十五五"规划时应进行调整;如果非化石能源的发展超过政府政策预期目标,那么对能源消费总量和强度的要求可以放宽。最后,这个设想的阶段性路径完成起来难度很大,需要我国付出艰苦的努力。例如,在"十五五"规划时期,能耗总量不超过60亿t标准煤,煤炭比重下降到45%,非化石能源比重升高到25%,都不是容易的事情。

在行业层面,中国碳达峰目标实现的关键是工业行业。在第二产业GDP增长速度略低于全国GDP增长速度,而且第二产业碳强度下降率略高于全国碳强度下降率的条件下,中国能够实现2030年前碳达峰、2035年GDP翻一番的目标。推进新型工业化,在严格控制传统高耗能、高排放工业行业增速的同时,通过发展先进制造业,提升低耗能低排放工业行业的比重,在制造业占国民经济比重基本稳定的条件下,能实现工业率先达峰。在假设条件下,我国的碳排放总量将在2028年达峰,工业碳排放量将在2026年达峰,比全国碳达峰早了两年;除工业行业外,其他行业在2030年前都没有达峰。全国碳达峰的峰值水平约104亿t,比2020年增加了5.5%。除工业以外的行业在研究期内碳排放仍将增长。居民生活是工业以外的最大碳排放行业,其次是交通运输、仓储及邮政业,再往下是其他行业,最后是农林牧渔业。

在地区层面,不同地区碳达峰时间有先有后。东部地区碳达峰时间最早,其次是中部地区和东三省,最后是西部地区。东部地区经济发展和结构转型处在领先地位,碳排放占比也最大,率先实现碳达峰对全国有重要意义,既可以给其他地区带来示范效应,也可以给西部地区留出碳排放空间,促进全国整体在2030年前实现碳达峰。通过各地区自下而上的加总,全国将在2029年实现碳达峰,峰值约104.6亿t,比2020年增长5.2%,增长幅度与全国层面的数据和行业层面的数据都比较接近。东部地区要通过加快新旧动能转换和产业优化升级率先实现碳达峰。中部地区经济社会发展处于全国平均水平,有着代表性意义,与全国碳达峰保持同步。从长远看,西部能源大省要尽快跳出传统工业化思维,逐步摆脱对化石能源的依赖。西部能源大省既要保障全国能源供应,又要担起减排降耗的重任,其绿色低碳转型发展面临巨大挑战,碳达峰时间可以略晚于全国整体碳达峰时间。东三省作为老工业基地,需要加快传统优势工业转型升级并培植接续替代产业,碳达峰时间与中部地区相近。

中国实现低碳经济增长的路径有多个维度。在宏观层面上,中央政府要进行规划,然后在行业和地区等中观层面落实。国家层面上有低碳经济增长这个目标或需求,必须落到行业上、地区上,特别是重点行业、重点地区上,否则,目标难以达成。因此,国家层面的宏观维度和行业、地区层面的中观维度是相互联系的,需要统筹推进。

最后，本项研究的目标不是提出多种路径，而是提出与实现碳达峰目标相衔接的有力度的碳减排约束性指标和可行路径，分阶段、分行业、分地区有步骤地稳步推进。出于统计口径和误差原因，自下而上的加总得到的碳排放峰值略低于宏观层面数据的计算结果。

著者
2023 年 3 月

目 录

第一篇　中国低碳经济增长的宏观路径研究

第一章　引　言 ……………………………………………………………（2）
　一、问题的提出 ……………………………………………………………（2）
　二、相关概念的定义和测量 ………………………………………………（3）
　三、文献综述 ………………………………………………………………（7）
　四、本项研究的主要内容和目标 …………………………………………（14）
　五、本项研究的结构 ………………………………………………………（15）
　六、本项研究的创新之处 …………………………………………………（16）

第二章　中国低碳经济增长的路径及理论框架 …………………………（17）
　一、中国低碳经济增长的多维路径 ………………………………………（17）
　二、中国低碳经济增长的相关模型 ………………………………………（18）

第三章　外国碳达峰的经验分析 …………………………………………（21）
　一、已经实现碳达峰的国家 ………………………………………………（21）
　二、《公约》达成之前已经实现碳达峰的工业化国家 ……………………（23）
　三、向市场经济转轨的国家 ………………………………………………（26）
　四、《公约》达成之后实现碳达峰的工业化国家 …………………………（27）
　五、对中国的启示 …………………………………………………………（32）

第四章　中国低碳经济增长的历史路径 …………………………………（34）
　一、中国低碳经济增长的发展趋势 ………………………………………（34）
　二、中国碳排放的不同影响因素的贡献 …………………………………（40）
　三、对能耗强度影响因素的分解 …………………………………………（44）

第五章　中国未来低碳经济增长的阶段性路径 (48)
　　一、中国未来经济增长路径 (48)
　　二、中国未来能源转型路径 (52)
　　三、中国未来碳排放路径 (55)
　　四、进一步的讨论 (57)

第二篇　中国低碳经济增长的行业性路径研究

第六章　中国分行业低碳经济增长的历史路径 (60)
　　一、中国行业的分类 (60)
　　二、中国分行业经济增长趋势 (61)
　　三、中国分行业碳排放趋势 (64)
　　四、中国分行业低碳经济增长趋势 (67)
　　五、中国分行业低碳经济发展趋势的因素分解 (68)

第七章　中国未来低碳经济增长的行业性路径 (75)
　　一、建设现代产业体系 (75)
　　二、中国未来三次产业的经济增长速度 (76)
　　三、中国未来分行业能耗和碳排放的趋势 (77)
　　四、中国未来碳排放趋势 (78)
　　五、进一步的讨论 (79)

第三篇　中国低碳经济增长的地区性路径研究

第八章　中国分地区低碳经济增长的历史路径 (82)
　　一、中国不同地区的分类 (82)
　　二、中国分地区经济增长趋势 (83)
　　三、中国分地区碳排放趋势 (86)
　　四、中国分地区低碳经济增长趋势 (91)

第九章　中国未来低碳经济增长的地区性路径 (102)
　　一、中国区域经济的协调发展 (102)

二、东部地区 …………………………………………………………………… (103)

三、中部地区 …………………………………………………………………… (106)

四、西部地区 …………………………………………………………………… (108)

五、东北三省 …………………………………………………………………… (110)

六、各区域比较及加总 …………………………………………………………… (113)

七、进一步的讨论 ………………………………………………………………… (115)

第四篇　中国低碳经济增长的机制设计和制度安排及研究结论

第十章　中国低碳经济增长的机制设计和制度安排 ……………………………… (118)

一、中国落实低碳经济增长目标的模式 ………………………………………… (118)

二、中央政府 ……………………………………………………………………… (119)

三、相关部委 ……………………………………………………………………… (124)

四、地方政府 ……………………………………………………………………… (129)

五、进一步的讨论 ………………………………………………………………… (133)

第十一章　研究结论 ………………………………………………………………… (134)

主要参考文献 ……………………………………………………………………… (136)

第一篇

中国低碳经济增长的宏观路径研究

第一章 引 言

一、问题的提出

在保持经济较快增长的同时实现碳达峰是我国面临的严峻挑战。作为负责任的发展中国家，中国政府高度重视全球气候变化问题。在全球气候治理中，中国发挥着参与者、贡献者和引领者的重要作用。

作为世界上最大的发展中国家，努力实现经济较快增长是我国的重要目标。改革开放以后，中国共产党对我国社会主义现代化建设作出战略安排，提出"三步走"战略目标。其中，解决人民温饱问题、人民生活总体上达到小康水平这两个目标已经提前实现。在这个基础上，中国共产党提出，到建党一百年时建成经济更加发展、民主更加健全、科教更加进步、文化更加繁荣、社会更加和谐、人民生活更加殷实的小康社会，然后再奋斗30年，到新中国成立一百年时，基本实现现代化，把我国建成社会主义现代化国家。党的十九大报告明确提出，从2020年到21世纪中叶分两个阶段来安排。第一个阶段，从2020年到2035年，在全面建成小康社会的基础上，再奋斗15年，基本实现社会主义现代化；第二个阶段，从2035年到21世纪中叶，在基本实现现代化的基础上，再奋斗15年，把我国建成富强民主文明和谐美丽的社会主义现代化强国。这个安排将基本实现现代化目标的时间节点从新中国成立一百年前移到2035年，意味着未来一段时期我国仍然要保持较快的经济增长速度。2021年3月颁布的《中华人民共和国国民经济和社会发展第十四个五年规划和2035年远景目标纲要》提出，到2035年，人均国内生产总值达到中等发达国家水平。中等发达国家人均国内生产总值的门槛是2万美元[1]，而2020年中国人均国内生产总值刚达到1万美元，这意味着在未来15年中国人均国内生产总值至少要翻一番。

中国面临着碳减排的压力，提出了碳达峰和碳中和目标。全球气候变化深刻影响着人类的生存和发展，是各国共同面临的重大挑战。气候系统的综合观测和多项关键指标表明，气候系统变暖趋势在持续。对于全球气候变化的原因，联合国政府间气候变化专门委员会（IPCC）的多份评估报告指出，人类对气候系统的影响是明确的，而且这种影响在不断增强，如果任其发展，气候变化对人类和生态系统造成严重、普遍和不可逆转的影响将会加大[2]。虽然目前中国是世界上最大的温室气体排放国，但是，在人均排放上我国要远远低于很多发达

---

[1] 根据全球一些机构的认定，发达国家也是有差别的。按照标准来看，人均GDP超过2万美元（2020年价格水平），算是步入发达国家的行列，但这个标准仅仅是"最低标准"。

[2] 见IPCC网站 https://www.ipcc.ch/。

国家,历史上全球温室气体排放的最大部分源自发达国家。1992年,中国加入《联合国气候变化框架公约》(简称《公约》),成为《公约》的首批成员国;2009年哥本哈根会议前夕,中国提出2020年单位国内生产总值二氧化碳排放比2005年下降40%~45%的目标;2014年,中美两国联合发布的气候变化联合声明中,中国承诺将在2030年左右实现二氧化碳排放达峰,并且在《巴黎协定》国家自主贡献中还提出2030年单位国内生产总值二氧化碳排放比2005年下降60%~65%,非化石能源占一次能源消费比重达到20%左右,森林蓄积量比2005年增加45亿 m^3 左右。2020年9月22日,习近平主席在第七十五届联合国大会一般性辩论上郑重宣布,中国将提高国家自主贡献力度,力争于2030年前实现碳达峰、2060年前实现碳中和。此后,在2020年12月12日的气候雄心峰会上,习近平主席进一步宣布,到2030年,中国单位国内生产总值二氧化碳排放将比2005年下降65%以上,非化石能源占一次能源消费比重将达到25%左右,森林蓄积量将比2005年增加60亿 m^3,风电、太阳能发电总装机容量将达到12亿 kW 以上。

碳达峰是碳中和的基础和前提,没有碳达峰,就难以实现碳中和。虽然碳达峰和碳中和都是总量控制目标,但是,碳达峰属于灵活总量目标,在达到峰值之前,二氧化碳排放量还可以增加;碳中和则不然,要求大幅削减温室气体排放,剩余的部分通过去除技术抵消掉。去除技术包括自然手段和人工手段。自然手段通常是指碳汇(carbon sink),通过植树造林、植被恢复等措施吸收大气中的二氧化碳;人工手段主要是碳捕集、利用与封存(CCUS),是指将二氧化碳从工业排放源中分离后或直接加以利用或封存,以实现二氧化碳减排的工业过程。碳汇面临着土地资源的限制,而碳捕集、利用与封存技术成本偏高。因此,碳达峰的时间越早,峰值水平越低,后期面临的减排压力就越小。

在2030年前实现碳达峰对中国是一个巨大的挑战。低碳经济增长被看作是既能促进经济增长,又能实现碳减排目标的经济模式。但是,从历史上看,欧美主要发达国家是在人均国内生产总值(GDP)达到2.0万~2.5万美元(2010年价格水平)时达到二氧化碳排放峰值,人均峰值水平为10~22t。按照中国的现代化进程和国家自主贡献目标,中国需要在人均GDP不足2万美元(2020年价格水平)时就达到二氧化碳排放峰值,且人均峰值水平会低于10t。这意味着中国需要开创一条比欧美等发达国家传统发展路径更为低碳的,在更低收入水平上达到更低人均峰值水平的崭新的发展路径。

二、相关概念的定义和测量

(一)经济增长

经济增长是指一个国家或地区在一定时期内的总产出与前期产出相比实现的增长。总产出通常用GDP来衡量。GDP是在某一既定时期(通常是一年)内一个国家生产的所有最终商品与服务的市场价值总和。

经济增长速度用实际GDP计算。GDP有名义GDP和实际GDP之分。名义GDP是按照现期价格计算的物品与劳务产出的价值量;实际GDP是按照不变的基年价格计算的物品与劳务产出的价值量。为了消除物价变动的影响,经济增长速度使用实际GDP计算。

(二)碳达峰和碳中和目标的覆盖范围

碳达峰、碳中和是针对温室气体(GHG)以及气候变化而言的,有明确的定义和范围。首先,碳达峰覆盖的仅仅是二氧化碳(CO_2),而碳中和覆盖的是全部温室气体,包括二氧化碳、甲烷(CH_4)、氧化亚氮(N_2O)、氢氟碳化物(HFCs)、全氟化碳(PFCs)、六氟化硫(SF_6)共6种,以及2012年《京都议定书》的多哈修正案新加入的三氟化氮(NF_3)气体。其次,碳达峰的边界主要是能源活动,而碳中和的边界包括能源活动、工业过程和产品使用(IPPU)、农业林业和其他土地利用(AFOLU)、废弃物处理等所有活动①。最后,碳达峰强调的是排放趋势,不强调净排放量,而碳中和既强调排放趋势,又强调净排放量。碳中和就是净排放量为零。

碳达峰和碳中和是两个相互联系的目标。尽管碳中和不只包括二氧化碳,但是二氧化碳占了温室气体的绝大部分,因此,二氧化碳的减排对实现碳中和非常关键。

(三)二氧化碳和非二氧化碳的测量方法

碳排放的测量又称为碳核算。明确碳达峰、碳中和所覆盖的气体和主要排放源之后,如何量化碳排放就成为实现减碳目标的关键。碳核算的方法可以分为基于计算和基于监测两类,前者又分为排放因子法和质量平衡法。排放因子法是适用范围最广、应用最为普遍的一种碳核算方法,而质量平衡法主要适用于工业生产过程。关于排放因子法,有IPCC提供的碳核算基本方程:

$$温室气体排放 = 活动数据(AD) \times 排放因子(EF) \qquad (1\text{-}1)$$

式中:AD是导致温室气体排放的生产或消费活动的活动量,如每种化石燃料的消耗量、石灰石原料的消耗量等;EF是与活动水平数据对应的系数,包括单位热值含碳量或元素碳含量、氧化率等,表示单位生产或消费活动量的温室气体排放系数。EF既可以直接采用IPCC、美国环境保护署、欧洲环境机构等提供的已知数据(即缺省值),也可以基于代表性的测量数据来推算。

监测法基于排放源实测基础数据,汇总得到相关碳排放量。监测方法可以分为两种,现场监测和非现场监测。现场监测一般是先安装监测设备或装置,然后通过连续监测浓度和流速直接测量排放量;非现场监测是通过将采集样品送到有关监测部门,利用专门的监测设备和技术进行定量分析。由于非现场监测时采样气体会出现吸附反应、解离等问题,现场监测的准确性要高于非现场监测,但是现场监测的费用也较高。

在具体的执行中,由于选用的方法和标准并不完全相同,核算结果存在一定的差异。例如,由于数据质量不同,对二氧化碳的核算一般以排放因子法为主,以监测法为辅;但是,对甲烷的核算,则以监测法为主,以排放因子法为辅。又例如,消耗1kg标准煤排放多少二氧化

---

① 2021年7月24日,在主题为"全球绿色复苏与ESG(环境、社会和治理)投资机遇"的全球财富管理论坛北京峰会上,中国气候变化事务特使解振华表示,中国2030年碳达峰是二氧化碳的达峰,中国宣布2030年前碳达峰目标是根据《巴黎协定》有关规定,对2015年提交的自主贡献目标的一次更新和强化,主要是指能源活动产生的二氧化碳,不包括其他非二氧化碳。

碳？中华人民共和国国家发展和改革委员会能源研究所的推荐值是2.457kg，日本能源经济研究所的参考值为2.493kg，美国能源部能源信息署(EIA)的参考值是2.53kg。

中国对碳核算框架的整合与标准制定已具有一定成效，但是在实践环节还有待加强。在2021年11月《公约》第二十六次缔约方大会(COP26)上，包括美国、欧盟等在内的105个缔约方共同签署了"全球甲烷承诺(Global Methane Pledge)"，即到2030年将全球甲烷排放量在2020年的水平上至少减少30%。由于基础数据薄弱、监测技术和有效措施缺乏等，中国没有加入"全球甲烷承诺"[①]。但是，中国早已重视甲烷减排。2021年3月，中国在"十四五"规划中首次提到甲烷减排；2021年9月，中共中央、国务院印发的《中共中央 国务院关于完整准确全面贯彻新发展理念做好碳达峰碳中和工作的意见》提到"加强甲烷等非二氧化碳温室气体管控"；2021年10月，中国提交的最新的国家自主贡献(NDC)文件首次明确了能源领域甲烷减排的方向。

（四）我国温室气体排放清单的编制方法

按照《公约》相关要求，中国向《公约》秘书处先后提交了3次国家信息通报和2次两年更新报告。《公约》第4条及第12条规定，每一个缔约方都有义务提交本国的国家信息通报。为了进一步强化非附件一缔约方的减缓行动以及提高行动效果的透明度，2010年《公约》第十六次缔约方大会通过的第1/CP.16号决定，要求非附件一缔约方应根据其能力及为编写报告所受到的支持程度，从2014年开始提交两年更新报告，内容包括更新的国家温室气体清单、减缓行动、需求和接受的资助等。我国作为《公约》非附件一缔约方，高度重视自己所承担的国际义务，已分别于2004年、2012年、2017年和2019年提交了《中华人民共和国气候变化初始国家信息通报》《中华人民共和国气候变化第二次国家信息通报》《中华人民共和国气候变化第一次两年更新报告》《中华人民共和国气候变化第三次国家信息通报》《中华人民共和国第二次两年更新报告》，全面阐述了中国应对气候变化的各项政策与行动，并报告了中国1994年、2005年、2010年、2012年和2014年的国家温室气体清单。

我国温室气体的涵盖范围和核算方法主要依据IPCC的要求。1994年中国第一份国家温室气体清单的范围包括能源活动、工业生产过程、农业活动、土地利用变化和林业及城市废弃物处理的温室气体排放量估算。由于是初次核算，该清单仅报告了二氧化碳、甲烷和氧化亚氮3种温室气体的排放。2005年及以后清单补充了氢氟碳化物、全氟化碳、六氟化硫3种温室气体，与IPCC的要求一致。编制方法主要遵循《政府间气候变化专门委员会(IPCC)国家温室气体清单编制指南(1996年修订版)》要求，部分排放源的计算遵循《2006年IPCC国家温室气体清单指南》要求。为了确保不同年份清单数据一致可比，第三次信息通报还对2005年的国家温室气体清单进行了回算。

我国温室气体排放量呈增长趋势。根据清单结果，2010年和2014年我国温室气体排放

[①] 2030年前中国对国际社会的温室气体减排承诺中仅涉及二氧化碳。

总量(不包括土地利用、土地利用变化和林业)分别为 105.44 亿 t 和 123.01 亿 t 二氧化碳当量[①],分别比 2005 年增长了 31.6%和 53.5%(图 1-1)。

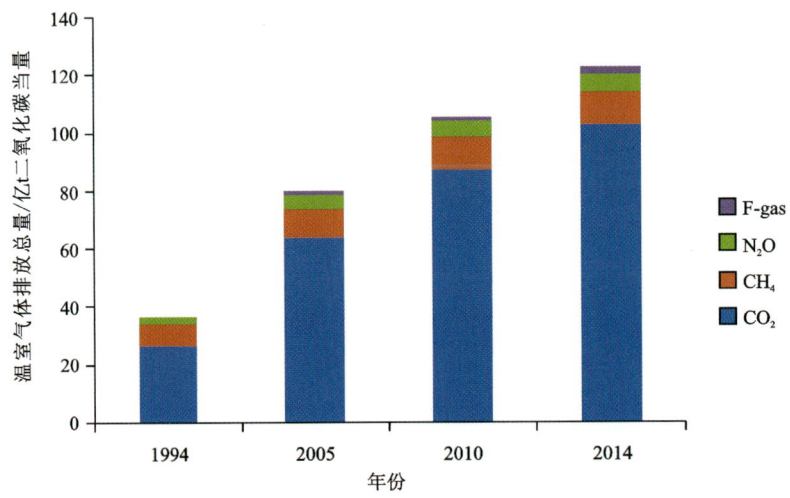

图 1-1 中国温室气体排放趋势[②]

从气体类型看,二氧化碳是我国排放的最主要的温室气体。从 2005 年到 2014 年,二氧化碳在温室气体中的占比从 79.6%提高到 83.5%,上升了 3.9 个百分点(图 1-2)。

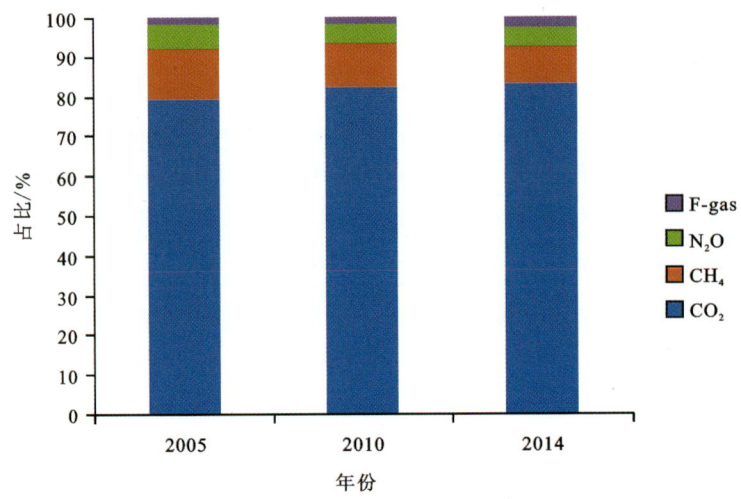

图 1-2 2005—2014 年中国温室气体排放种类构成[③]

从排放领域看,能源活动仍是我国温室气体最大的排放来源,近 90%的温室气体排放源自能源活动(图 1-3)。结合图 1-2 和图 1-3,可以推断出二氧化碳排放主要源自能源活动。

---

① 由于不同种类的温室气体对地球温室效应的贡献度不同,以及二氧化碳是人类活动产生温室效应的主要气体,规定以二氧化碳当量为度量温室效应的基本单位。一种气体的二氧化碳当量是根据其全球变暖潜能值(GWP)得出的。
② 数据来源于 2004 年《中华人民共和国气候变化初始国家信息通报》和 2019 年《中华人民共和国气候变化第三次国家信息通报》《中华人民共和国气候变化第二次两年更新报告》。1994 年数据不包括氟化气体(F-gas)。
③ 数据来源于 2019 年《中华人民共和国气候变化第三次国家信息通报》《中华人民共和国气候变化第二次两年更新报告》。

2010 年和 2014 年土地利用、土地利用变化和林业的温室气体吸收汇分别为 9.93 亿 t 和 11.15 亿 t 二氧化碳当量。考虑温室气体吸收汇后,温室气体净排放总量分别为 95.51 亿 t 和 111.86 亿 t 二氧化碳当量[①]。

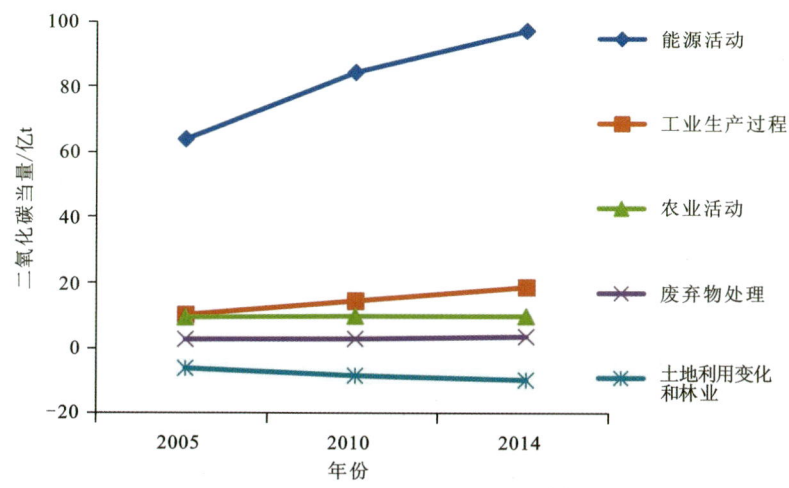

图 1-3　2005—2014 年中国各领域温室气体排放和吸收(亿 t 二氧化碳当量)[②]

三、文献综述

(一)现有研究进展

中国是全球最大的发展中国家,也是碳排放大国,目前对中国经济增长路径、中国低碳经济、中国实现 2030 年碳达峰目标、中国碳排放及低碳经济建模方法的研究较多。

(1)对中国经济增长路径的研究。对中国经济增长路径的研究主要包括 4 个方面,即对中国经济增长取得的成就及原因的研究,对中国经济发展面临的挑战及应对策略的研究,对中国经济未来增长速度的研究,以及对中国经济未来发展路径的研究。

①对中国经济增长取得的成就及原因的研究。中国经济快速增长是要素驱动型,是一种典型的投入型增长方式(郑玉歆,1999;郭庆旺等,2005),靠大规模的政府主导型投资以保持经济增长速度(蔡昉,2013);以市场化改革为方向的经济转型给中国带来了举世瞩目的经济成就(樊纲等,2011);技术进步是驱动中国经济健康持续发展的核心动力(丁志国等,2012);过去中国经济的增长主要是靠制度改革,是由第三产业拉动的(刘伟等,2002),城市化阶段的地区经济增长则可以从产业结构的合理化调整中获得较为明显的"结构红利"(于斌斌,2015);人口结构的快速转变导致劳动年龄人口比重提高和抚养比降低,产生了经济增长的"人口红利"(蔡昉,2013)等。

---

① 2010 年和 2014 年国际航空和航海温室气体排放量为 0.48 亿 t 和 0.52 亿 t 二氧化碳当量,生物质燃烧排放 7.76 亿 t 和 8.98 亿 t 二氧化碳,作为信息项报告不计入清单排放总量。

② 数据来源于 2019 年《中华人民共和国气候变化第三次国家信息通报》《中华人民共和国气候变化第二次两年更新报告》。

②对中国经济发展面临的挑战及应对策略的研究。中国地区经济增长存在不平衡的问题,即"俱乐部趋同"现象,投资的重点应该选择那些能够改进西部地区增长条件的领域(蔡昉等,2000),需要尽快改善中西部地区投资的软硬环境(王小鲁等,2004);中国的经济增长方式是粗放型的,存在着技术进步对经济增长贡献率低、经济效益低、资源配置效率低、经济运行质量低等问题,要转换我国的经济增长方式,首先要改变我国的目标增长方式,其次是进行要素价格体系和其他方面的改革(林毅夫,2007),通过科技创新和体制创新,实现经济的良性增长(卫兴华等,2007),在生态环境改善中求增长(李扬等,2015);中国经济增长面临减速的潜在风险,资本效率提高是政策着力点(中国经济增长前沿课题组,2013),产业结构"服务化"倾向是中国经济发展进入"结构性减速"阶段的重要原因,中国经济增长动力由产业结构调整转换为全要素生产率提升(于斌斌,2015);"人口红利"消失,资本报酬递减现象开始出现,亟须通过政策调整形成国内版的"雁阵"模型和"创造性毁灭"的政策环境,转向"改革红利"(蔡昉,2013;陆旸等,2016);当剩余劳动力消耗完以后,以技术引进的方式来实现技术进步将不可持续,中国需要实现从技术引进型向自主研发和创新型的技术进步模式的转变(龚刚等,2013),既要强化对引进技术的消化吸收,也要夯实和提升国内技术创新能力(唐未兵等,2014);中国正步入工业化后期阶段,必须高度重视产能过剩问题,需要增加工业经济增长的新动力(黄群慧,2014)等。

③对中国经济未来增长速度的研究。预计中国经济增长率2030年将降低至5%(World Bank,2012);通过考察中国经济增长率的均值回归及收敛程度,预测中国经济增长率在2023—2033年降至3.28%(Pritchett et al.,2013);参考亚洲国家的增长和收敛的历史经验,中国可以实现7%~8%的经济增长(Lin et al.,2016);基于"收敛假说",参照东亚经济体1950—2010年的发展经验,推测中国经济2015—2035年的增长潜力为6.02%(张军等,2016);基于可比经济体的跨国收敛规律预测中国的劳动生产率增长率,结合中国人口结构转变和就业参与等自身特征估计其劳动力增长率,预测2021—2025、2026—2030、2031—2035年中国潜在经济增长率分别为5.57%、4.82%、3.94%(白重恩等,2017);中国经济增长面临速度目标和质量目标的权衡,中央政府降低经济增长速度目标,能够实现经济高质量和可持续发展(徐现祥等,2018);从世界主要经济体之间的比较上看,中国的经济发展至少具有三大优势,体制优势、创新优势和发展优势,有可能用10年左右的时间,达到世界银行的"高收入"国家标准,可以通过不断的产业结构升级来推动经济增长和改善就业(刘伟等,2018);中国目前已经进入与"门槛效应"相关的发展阶段,要回归到熊彼特式的"创造性破坏"模式上(蔡昉,2019);2021—2025年中国经济年潜在增长率预计平均为5.7%(汤铎铎等,2020);"十四五""十五五"和"十六五"时期中国潜在经济增长率分别会降低到5.5%、4.8%和4.3%的水平(中国社会科学院宏观经济研究中心课题组,2020);依靠后来者优势,中国在2020—2035年还有年均约8%的增长潜力,如能实现年均5%~6%的增长,那么到2035年就能基本实现社会主义现代化(林毅夫等,2022);在2032年之前中国GDP增速还保持在每年5%以上,在2040年之前中国GDP增速还保持在每年4%以上(中国式现代化研究课题组,2022)。

④对中国经济未来发展路径的研究。到2035年中国要基本实现社会主义现代化,需要以实现到2035年人均实际GDP水平较2020年翻一番为核心目标,然而,无论是基准情形还

业二氧化碳排放峰值较大概率出现在 2030 年之前,其峰值水平大体是中国二氧化碳排放峰值水平的 70%左右(郭朝先,2014)。在工业中,制造业是碳排放的主要贡献者。在基准情景和绿色发展情景下,制造业碳排放在 2030 年之前均将持续增长,而在技术突破情景下,碳排放将有较大可能在 2024 年提早达峰(邵帅等,2017)。钢铁产业需要从供给和需求两侧进行脱碳(Ren, et al., 2021)。要实现 2030 年碳减排目标,产业结构转型升级是主要驱动因素(Su et al., 2021)。在供给侧结构性改革情景下,中国碳排放峰值水平最低,并将于 2029 年最早达峰(洪竞科等,2021)。中国农业、建筑、制造、交通等部门非常有可能在 2030 年前碳达峰,而电力和采矿部门将在 2030 年后达峰(Fang et al., 2022)。

从地区分解的角度对中国实现 2030 年碳减排目标进行研究。对省份数据进行加总的结果显示,中国碳达峰的时间在 2028—2040 年之间,2030 年将是最优选择(Fang, et al., 2019)。在基准情景和低碳情景下,部分沿海发达地区可率先在 2021—2025 年实现碳达峰,部分欠发达地区在低碳情景下有望在 2035 年之前实现碳达峰(范德成等,2021);基于层次聚类方法分析中国省级区域的碳排放趋势,将 31 个省份基于经济发展、产业结构、能源消费和排放特征等异质性划分为 5 类,并结合各省的达峰行动进度对各自面临的达峰形势进行了分析,给出了差异化的达峰行动路径(李诗卉等,2021)。

(4)对中国碳排放及低碳经济建模方法的研究。对中国碳排放和低碳经济有多种建模方法。气候政策研究中的数学模型可以分为成本分析和综合分析两个层次(王灿等,2002)。中国碳排放及低碳经济的具体建模方法主要有 4 种。一是分解方法(decomposition methods)。分解方法可以分为等式分解和指数分解。通常,碳排放被分解成人口规模、人均 GDP、能耗强度以及能源消费的碳强度,这又被称为 IPAT 等式或 KAYA 恒等式(Kaya, 1989; Wang, 2005;何建坤等,2009; Yuan et al., 2014)。指数分解又可以分为拉氏方法(Sun, 1998; Wu et al., 2005; Zhang et al., 2009)和迪氏方法(Ang et al., 1998; Ang, 2004; Wang et al., 2005; Liu et al., 2007; Tan et al., 2011;郭朝先,2012; Yi et al., 2016)等,其中,迪氏方法具有完全分解的优点。二是计量方法。这包括环境库兹涅茨曲线(林伯强等,2009),在生产函数中将污染排放作为投入要素或者非期望产出(陈诗一,2009;袁富华,2010),STIRPAT 模型(渠慎宁等,2010),调整后的索洛增长模型(林伯强等,2011),基于有向无环图的动态递归分析(杨子晖,2011),协整技术和马尔可夫链模型(王锋等,2010),省级面板数据(Du et al., 2012)等。三是模拟方法和系统优化方法。前者包括 LEAP 模型(Zhou et al., 2013),后者包括 MARKAL 模型(Chen, 2005)、IPAC 模型(姜克隽等,2016)、混合模型(Wang et al., 2016)、系统动力学模型(Xiao et al., 2016)等。四是投入-产出方法。投入-产出方法以国家统计局定期发布的投入-产出表为基础(张友国,2010; Yan, et al., 2016; Mi et al., 2017)。不同的建模方法各有利弊。分解方法相对简单、直观和易于理解;计量方法通过过去的统计关系预测未来的发展趋势;模拟方法和系统优化方法中的参数往往通过校准得到;投入-产出方法侧重于部门之间的相互联系,但是方程中的系数是固定的,难以描述技术变化、要素替代以及行为变化。

(二)对现有研究的评价

现有文献对中国低碳经济增长路径的研究较多,但是,对中国低碳经济增长的系统路径研究较少。例如,较少从宏观层面和中观层面进行系统研究,同时,也缺少对宏观层面和中观层面低碳经济增长路径的关系的探讨。

(1)在宏观层面上,缺少对我国整体低碳经济增长的阶段性路径的系统性研究。现有文献虽然针对我国某一段时间的碳排放量或碳排放强度的变化进行了研究,但是,目的主要是探讨这种变化背后的原因和主要影响因素。在我国提出2030年前实现碳达峰以后,如何在宏观层面上制定与碳达峰目标相衔接的阶段性的有约束力的指标体系,加强低碳经济增长阶段性路径研究,对深刻认识低碳经济增长的规律、丰富绿色发展理论和推进生态文明建设有重要的学术价值。

(2)在中观层面上,缺少对我国低碳经济增长的行业性和地区性路径的系统性研究。我国幅员辽阔,不同地区经济社会发展参差不齐;我国产业结构正在转型升级之中,供给侧结构性改革正在稳步推进。因此,我国低碳经济增长的路径将呈现出行业性和地区性差异。例如,一些行业或地区会比其他行业和地区率先实现碳达峰。现有的文献虽然研究了工业和某些地区的碳排放,但是没有充分揭示我国低碳经济增长过程的行业性和地区性特征。加强低碳经济增长的行业性和地区性路径研究,对促进产业转型升级和区域梯度发展,以及经济增长与产业发展、区域发展的协调有重要的学术价值。

(3)缺少对我国低碳经济增长的宏观层面和中观层面的路径关系的研究。中央政府是我国低碳经济增长路径的发起者和主导者,在制定碳达峰目标以及与碳达峰目标相衔接的阶段性的有约束力的指标体系以后,如何在行业和地方层面落实,直接关系我国碳达峰目标的实现。因此,中央政府如何通过机制设计和制度安排,调度行业和地方的积极性,具有重要的现实意义。

四、本项研究的主要内容和目标

(一)本项研究的主要内容

由于中国实现碳达峰是指能源活动的二氧化碳排放,本项目将研究与能源相关的碳排放。关于能源,本项目仅研究煤炭、石油和天然气等化石能源燃烧产生的二氧化碳排放,不研究生物质能燃烧产生的二氧化碳①。此外,本项目也不研究碳汇②。

根据低碳经济的相关指标,本项研究的主要对象包括两个方面。第一,我国未来经济增

---

① 2021年9月,中国产业发展促进会生物质能产业分会等发布《3060零碳生物质能发展潜力蓝皮书》(简称《蓝皮书》)。《蓝皮书》显示,我国生物质资源作为能源利用的开发潜力约为4.6亿t标准煤。
② 碳汇是指生态系统通过植物光合作用的方式将二氧化碳转化为碳水化合物,并以有机碳的形式固定在植物体内或土壤中,从而降低大气中二氧化碳浓度的过程,主要包括林业碳汇、草原碳汇、海洋碳汇等多种形式。在多种碳汇类型中,由林业碳汇和草原碳汇共同构成的林草碳汇是一种高效且成本较低的碳汇方式。有关数据显示,林木的碳汇存储能力为:每生长1m³蓄积量,大约可吸收1.83t二氧化碳,释放1.62t氧气。

长路径,包括经济增长速度和经济结构的演化;第二,我国的碳排放量和单位GDP碳排放量(以下简称"碳排放强度"或"碳强度")的路径。本项研究的主要内容包括我国低碳经济增长的阶段性路径、行业性路径和地区性路径,以及机制设计和制度安排。

本项研究的时间截止到2035年。党的十九大确立了2020—2035年新时代社会主义现代化建设第一阶段的目标,包括基本实现社会主义现代化,在时间上衔接了我国自主承诺二氧化碳排放达峰目标的要求。"十四五""十五五"和"十六五"时期分别是我国碳达峰的准备期、达峰期和平台期。

(二)本项研究的主要目标

本项研究的主要目标是探索我国实现经济增长和碳达峰的多维路径,在此基础上提出促进低碳经济增长的机制设计和制度安排。具体目标包括:第一,在宏观层面上提出与我国低碳经济增长目标相衔接的有力度的约束性指标和可行路径,而不是提出多种可能路径;第二,在中观层面上提出我国低碳经济增长的行业和地区性路径;第三,通过机制设计和制度安排落实宏观层面的目标。

在时间间隔上,包括三种情况:第一,以一年为间隔,分析逐年变化;第二,以五年为间隔,与国民经济和社会发展五年规划相对应,分析五年规划期的变化;第三,以2005年为基年,与国家自主贡献和气候雄心目标的基年相对应,分析2005年以来的累积变化。

五、本项研究的结构

本项研究包括四篇。第一篇是从宏观层面探讨我国低碳经济的增长路径,内容包括我国低碳经济增长的路径及理论框架、外国碳达峰的经验分析、我国低碳经济增长的历史路径、我国未来低碳经济增长的阶段性路径。我国能不能在2030年前实现碳达峰,到2035年实现人均GDP翻一番,在宏观层面上取决于"十四五""十五五"和"十六五"三个五年规划期的经济增长速度和碳减排状况。

第二篇是我国低碳经济增长的行业性路径研究。按能源终端消费划分,我国经济可以分为多个部门,主要包括农林牧渔业、工业、建筑业、交通运输、仓储和邮政业、批发和零售业、住宿和餐饮业、其他行业和生活消费。其中,工业还可以分为采掘业、制造业等。作为能源消费的主要部门,制造业又可以进一步细分。

第三篇是我国低碳经济增长的地区性路径研究。我国低碳经济的增长可以按30个省(自治区、直辖市,不包括港、澳、台地区和西藏自治区)分别研究,也可以分东、中、西部和东北等进行区域研究。不同区域之间经济社会发展和能源资源禀赋存在着不平衡性,同时,在一个区域内部,不同省份之间经济社会发展和能源资源禀赋也不完全相同。

第四篇是我国低碳经济增长的机制设计和制度安排。首先,中央政府是我国低碳经济增长目标的提出者和主导者;其次,在我国国家层面的低碳经济增长目标确定以后,各部委将围绕目标进行机制设计,弥补市场机制的不足;最后,中央政府通过制度安排调动地方政府的积极性,使中央政府的目标能够在微观层面得到落实。

六、本项研究的创新之处

（一）在学术观点方面的创新

（1）在宏观层面上，我国低碳经济增长的路径呈现出阶段性的特征。不同阶段的发展目标不同，影响因素也在发生转变。能耗强度的贡献趋于下降，非化石能源的贡献在逐步上升，经济结构的转型升级和供给侧结构性改革有利于低碳经济增长。

（2）在中观层面上，我国低碳经济增长的路径呈现行业性和地区性的差异。生产环节的碳排放会比生活消费环节的碳排放先达峰；东部经济发达地区会比其他地区率先实现碳达峰。

（3）我国要在2030年前实现碳达峰，需要付出巨大的努力，属于人为达峰。中央政府首先需要制定宏观层面的碳达峰目标及阶段性目标，然后将这些目标分解到各行业、各地区，并通过机制设计和制度安排确保碳达峰目标的实现。

（二）在研究方法方面的创新

（1）本项研究采用"自上而下"和"自下而上"相结合的方法。国家整体层面低碳经济增长路径采用的是自上而下的方法；而行业和地区路径的研究采用的是自下而上的方法，通过不同行业、不同地区的低碳经济增长路径推断全国的总体状况。最后，将这两种方法统一起来。

（2）本项研究更深入和全面。本项研究的时间跨度大，包括的行业、省份以及能源种类更多、更完整。例如，在终端能源消费品种上，包括原煤、焦炭、原油、燃料油、汽油、煤油、柴油、炼厂干气、液化石油气、天然气等。

第二章　中国低碳经济增长的路径及理论框架

低碳经济增长指的是一方面经济保持增长,另一方面经济体要减碳或脱碳。低碳经济有绝对低碳和相对低碳之分。若经济增长时碳排放量在下降,就是绝对低碳;若经济增长时碳排放量也在增长,但是增长的速度没有经济增长的速度快,就是相对低碳,表现为碳强度的下降。相对低碳和绝对低碳之间的拐点就是碳峰值。在碳达峰之前是相对低碳,而在碳达峰之后是绝对低碳。

一、中国低碳经济增长的多维路径

路径是指从初始点到达目的地的道路。中国低碳经济增长路径既要满足经济增长的目标,也要满足碳减排的目标。从2020年起到2035年,我国人均GDP要翻一番,碳排放量在2030年前实现达峰,并经历"十四五"达峰准备期、"十五五"达峰期和"十六五"峰值平台期三个阶段。

我国低碳经济增长路径包括多个维度。在宏观层面,有宏观路径;在中观层面,包括行业路径和地区路径(图2-1)。宏观路径是与我国低碳经济增长目标相衔接的阶段性目标,包括"十四五""十五五"和"十六五"三个五年规划期。行业路径是指终端用能行业的经济活动及碳达峰先后次序,包括第一产业(简称"一产")、第二产业(简称"二产")和第三产业(简称"三产"),其中"一产"是指农林牧渔业,"二产"包括工业和建筑业,"三产"包括交通运输业、仓储和邮政业、批发和零售业、住宿和餐饮业、其他行业和生活消费(分类源自《中国能源统计年鉴》)。地区路径是指东、中、西部和东北的经济增长与碳达峰先后次序,其中每一个地区又包括若干省份。

图2-1　我国低碳经济增长的多维路径

不同维度的低碳经济增长路径之间有内在的联系。宏观层面要确定不同阶段的经济增长速度,以及碳达峰时间和峰值数量。行业路径要确定不同行业的经济活动情况,以及碳强度下降率、碳达峰时间等,然后,不同行业加总之后要与宏观层面的路径基本吻合。同样,地区路径要确定不同省份的经济增长速度、碳强度下降率、碳达峰时间等,然后,不同地区加总之后也要与宏观层面的路径基本吻合,坚持全国一盘棋的思想。

二、中国低碳经济增长的相关模型

由于本项研究仅仅研究与能源活动相关的碳排放,经济活动与碳排放之间由能源系统相连接。

（一）模型的建立

经济与能源、碳排放之间存在着密切的关系,与能源相关的碳排放的驱动力来自经济系统。经济活动产生了对能源服务的需求,例如照明、制冷、供暖、炊事等。产业结构和用能技术对能源服务的需求强度有影响,例如,第二产业对能源服务的需求强度要大于第三产业。能源服务的供给来自能源总量、能源结构和能源效率。同一种能源服务可以来自不同的能源种类,例如,电力的生产可以是燃煤发电,也可以是风力发电或太阳能发电。能源系统在满足能源需求的同时,会排放二氧化碳(图2-2),不同类型能源的碳排放系数并不相同。单位热值的煤炭碳排放系数最高,其次是石油,最后是天然气。在这个过程中,经济活动是增加碳排放(简称"增碳")的力量,而减少碳排放(简称"减碳")的力量来自产业结构和能源结构的调整,以及终端用能技术和能源供给效率的改进。当将GDP作为经济活动的测量标准时,单位GDP碳排放量(简称碳强度或碳排放强度)的下降被看作减碳力量的总体表现。

图2-2 碳排放和经济、能源系统的关系

对碳排放量施加约束会对能源系统和经济系统产生倒逼影响。当中国提出2030年之前实现碳达峰、2060年前实现碳中和之后,仅仅依靠在生态环境领域做出努力是不够的,例如,增加自然碳汇的能力有限,碳捕集利用与封存技术在商业化推广方面也面临着高能耗、高成本、高风险问题,短期内难以大规模推广[①]。同时,仅在能源领域做出努力也不能实现碳达峰。

---

① 根据科学技术部(2019)的研究,由于CCUS技术面临着高能耗、高成本和高风险问题,我国CCUS技术的定位是作为一项有望实现化石能源大规模低碳利用的新兴技术,是未来减少二氧化碳排放、保障能源安全和实现可持续发展的重要手段。

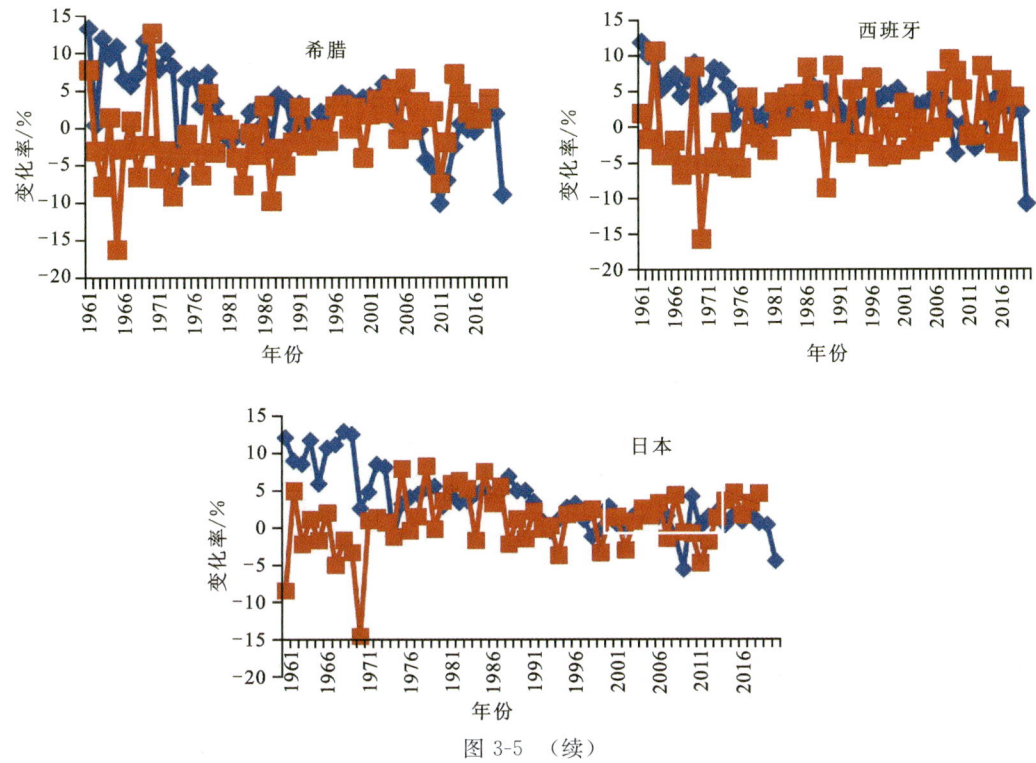

图3-5 (续)

从碳达峰前后GDP增长速度来看,各国差距较大。美国、葡萄牙、意大利、希腊和西班牙碳达峰前后GDP增长速度差别较大,其中,意大利、希腊和西班牙在碳达峰的后五年GDP平均增长率是负数(表3-4)。从人均碳峰值来看,美国超过20t,主要是因为美国油气资源丰富;葡萄牙的人均碳峰值为6.3t,丹麦是13.9t,因为丹麦油气资源较为丰富,是欧洲的主要石油出口国之一。

表3-4 《公约》达成之后完成碳达峰的工业化国家GDP增长率与单位GDP碳强度下降率

国家	碳达峰年份	人均碳峰值/(t·人$^{-1}$)	碳达峰年人均GDP(以2010年不变价美元计算,万美元·人$^{-1}$)	碳达峰年GDP增长率/%	碳达峰前五年GDP平均增长率/(算术平均值,%)	碳达峰下一年GDP增长率/%	碳达峰后五年GDP平均增长率/(算术平均值,%)	2020年人口总数/万人
丹麦	1996	13.9	4.4	2.90	2.65	3.26	2.60	583
美国	2000	20.5	4.9	4.13	4.30	1.00	2.58	32900
葡萄牙	2002	6.3	1.9	0.77	3.05	−0.93	1.15	1031
芬兰	2003	13.8	4.0	2.00	3.29	3.99	3.38	553
意大利	2005	8.2	3.3	0.82	0.92	1.79	−0.25	5955
奥地利	2005	9.3	4.1	2.24	1.77	3.45	1.34	892

续表 3-4

国家	碳达峰年份	人均碳峰值/(t·人⁻¹)	碳达峰年人均GDP（以2010年不变价美元计算，万美元·人⁻¹）	碳达峰年GDP增长率/%	碳达峰前五年GDP平均增长率/(算术平均值,%)	碳达峰下一年GDP增长率/%	碳达峰后五年GDP平均增长率/(算术平均值,%)	2020年人口总数/万人
希腊	2007	9.4	2.4	3.27	4.08	−0.34	−5.47	1072
西班牙	2007	7.8	2.7	3.60	3.49	0.89	−1.30	4735
日本	2013	9.9	3.4	2.01	0.36	0.30	0.97	12 600

（二）碳达峰的行业路径

丹麦、美国、葡萄牙、芬兰、意大利、奥地利、希腊、西班牙、日本碳达峰的行业路径同样具有规律性。第一，除葡萄牙以外，其他国家的制造业和建筑业的碳排放在20世纪70年代就已经实现了达峰（图3-6）。这一点与第一类国家相类似，欧盟成员国、美国和日本等发达国家在这一时期基本完成了工业化，此后，制造业和建筑业的碳排放开始下降。第二，电力和热力生产的碳排放在这些国家占据支配地位，决定着这些国家碳达峰的时间。第三，运输部门碳达峰的时间一般不早于全国，唯一的例外是日本。由于缺乏能源资源，日本注重节能和提高能效，运输部门碳达峰时间早于全国碳达峰时间。

图 3-6 《公约》达成之后完成碳达峰的工业化国家的行业碳达峰路径

图 3-6 （续）

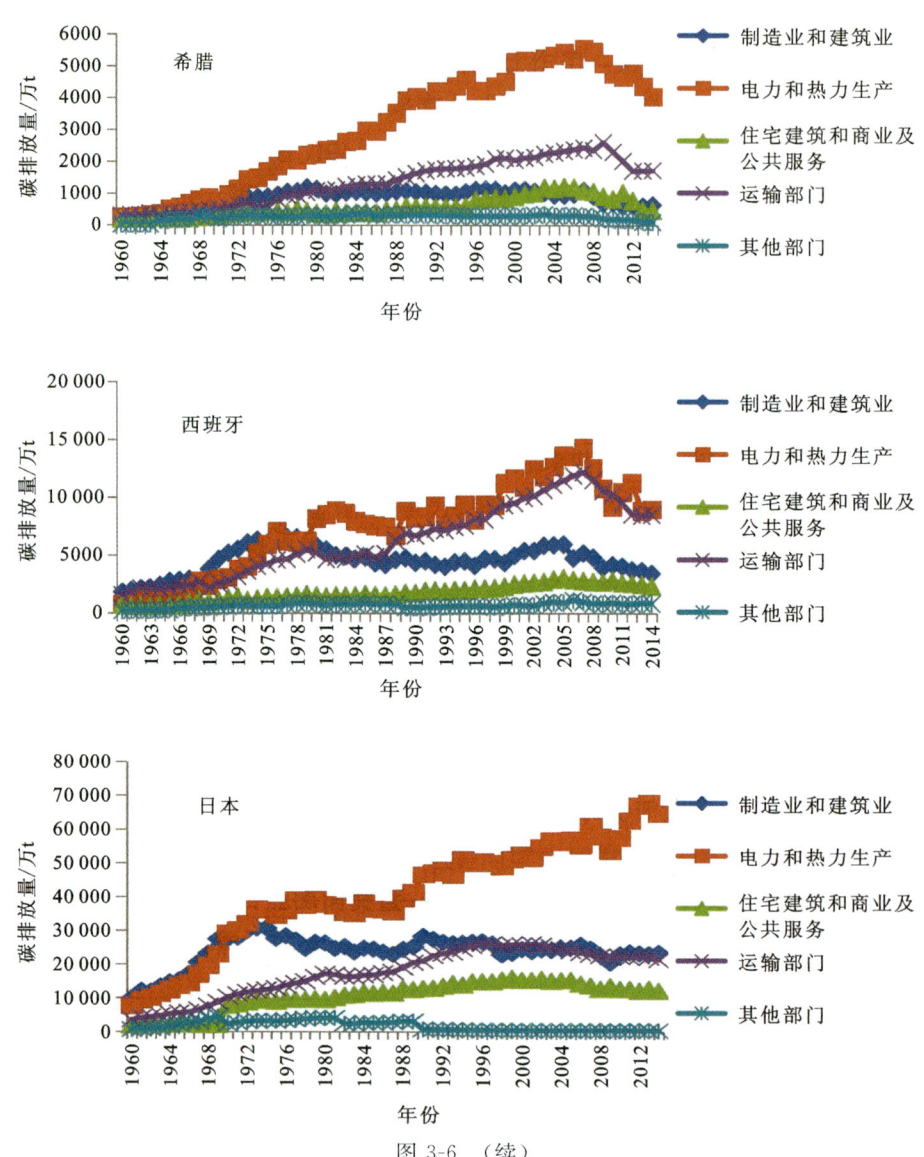

图 3-6 （续）

五、对中国的启示

上述已经实现碳达峰的国家的经验对中国不具备直接的借鉴意义，但是具有一定的启发性。

（一）不具备直接的借鉴意义

由于已经实现碳达峰的国家在许多方面都与中国不同，因此不具备直接的借鉴意义。第一，这些国家碳达峰时 GDP 增速趋缓，而中国在碳达峰时 GDP 有必要也有潜力继续保持较快的增长，或者说，需要兼顾经济增长和碳达峰这两个目标。第二，这些国家在发展阶段和发展模式上与中国有所不同。这些国家不是成熟的经济体就是转型的经济体,而中国属于发展中的经济体。发达国家已经度过了工业化高峰期,进入以服务业为主的增长阶段,而中国工业化进程还没有完成,工业碳排放仍是碳排放的主要来源。第三,发达经济体通过将高耗能产业外迁,实行转移排放,而中国不会采用将高耗能产业外迁的方式来实现碳达峰。第四,这些国家的碳达峰都属于自然达峰,受到外部事件的冲击,造成经济下行或滑坡,从而实现碳达峰,而中国是通过政府政策的引导或干预实现人为碳达峰。

(二)具有一定的启发性

虽然中国不能照搬已经实现碳达峰国家的经验,但是这些国家的碳达峰过程仍具有启发性。第一,要实现涵盖全经济部门的节能减排,需提高单位GDP的碳强度下降率。对中国而言,仅依靠单个部门的努力难以实现碳达峰。第二,严格控制工业的碳排放。与工业化国家工业增加值通常仅占GDP的比重为20%~30%相比,中国工业增加值占GDP的比重为30%~40%,导致中国单位GDP的碳排放强度比世界平均水平要高出许多。如果工业不能率先碳达峰,那中国将难以在2030年前实现碳达峰。第三,发展非化石能源,降低碳强度。例如,在电力生产领域减少煤炭的消费,在运输部门发展新能源汽车,减少石油的消费。但是,风电和光伏发电为间歇性,中国需要解决这个问题。第四,峰值虽然出现在某一年,但是达峰却是一个过程。碳达峰是一个趋势性的转折,是减少碳排放的力量从根本上超过增加碳排放的力量的结果。

第四章　中国低碳经济增长的历史路径

要研究中国未来的低碳经济增长路径,就需要先研究中国过去的低碳经济增长路径。第一,未来的低碳经济增长路径是过去的延续,受过去发展趋势的影响,例如,我国的碳排放发展趋势怎样,与实现碳达峰还有多大的差距。第二,要研究未来低碳经济增长路径的不同影响因素,就需要研究这些因素在过去贡献度的大小。

一、中国低碳经济增长的发展趋势

中国低碳经济增长的发展趋势包括中国经济增长的历史发展趋势、中国碳排放的历史趋势、中国GDP增长率与碳强度下降率的比较。

(一)中国经济增长的历史发展趋势

本项研究的数据来自国家统计局的《中国统计年鉴》和《中国能源统计年鉴》,个别年份的数据来自国民经济和社会发展统计公报。《中国能源统计年鉴》的相关数据更新到2019年。《中国统计年鉴》的相关数据更新到2020年。

GDP是衡量一个国家或地区经济水平的重要指标。改革开放以来,我国GDP保持高速增长,名义GDP由1980年的4 587.6亿元增长到2020年的1 015 986.2亿元(图4-1),位居世界第二,仅次于美国。

图4-1　我国GDP发展趋势

(注:当年价)

按不变价计算,实际GDP增长也超过了30倍(表4-1和图4-2)。考虑我国二氧化碳排放强度目标以2005年为基期,GDP也以2005年为基年,以剔除通货膨胀的影响。

表 4-1　我国名义 GDP 和不变价 GDP　　　　　　　　　　　　　　　单位:亿元

年份	当年价	不同基期						2005年不变价
1980	4 587.6	4 587.6						17 914.90
1981	4 935.8	4 822.1						18 830.64
1982	5 373.4	5 257.0						20 528.95
1983	6 020.9	5 823.1						22 739.61
1984	7 278.5	6 707.8						26 194.43
1985	9 098.9	7 608.7						29 712.50
1986	10 376.2	8 289.6						32 371.47
1987	12 174.6	9 256.0						36 145.33
1988	15 180.4	10 294.7						40 201.52
1989	17 179.7	10 727.8						41 892.81
1990	18 872.9	11 148.3	18 872.9					43 534.89
1991	22 005.6		20 621.0					47 567.30
1992	27 194.5		23 554.3					54 333.67
1993	35 673.2		26 824.5					61 877.17
1994	48 637.5		30 321.5					69 943.84
1995	61 339.9		33 642.9					77 605.45
1996	71 813.6		36 981.2					85 306.04
1997	79 715.0		40 397.0					93 185.41
1998	85 195.5		43 566.6					100 496.86
1999	90 564.4		46 904.5					108 196.53
2000	100 280.0		50 886.7	100 280.1				117 382.43
2001	110 863.1			108 639.2				127 167.14
2002	121 717.4			118 561.9				138 782.11
2003	137 422.0			130 463.2				152 713.12
2004	161 840.2			143 657.8				168 158.01
2005	187 318.9			160 027.0	187 318.9			187 318.90
2006	219 438.5				211 147.7			211 147.70
2007	270 092.3				241 195.8			241 195.80
2008	319 244.6				264 472.8			264 472.80
2009	348 517.7				289 329.9			289 329.90
2010	412 119.3				320 102.6	412 119.3		320 102.60

续表 4-1

年份	当年价	不同基期					2005年不变价
2011	487 940.2					451 480.1	350 675.04
2012	538 580.0					486 983.3	378 251.20
2013	592 963.2					524 803.1	407 626.72
2014	643 563.1					563 773.8	437 896.16
2015	688 858.2					603 470.9	688 858.2	468 729.82
2016	746 395.1						736 036.5	500 832.04
2017	832 035.9						787 170.4	535 625.82
2018	919 281.1						840 302.6	571 779.34
2019	990 865.1						890 304.8	605 803.06
2020	1015 986.2						911 205.3	619 736.53

注：1. 相同年份前一个GDP数值按照前一个基期计算，后一个按照后一个基期计算，我国先后统计过1980年基期、1990年基期、2000年基期、2005年基期、2010年基期和2015年基期；

2. 2005年不变价GDP由不同基期换算得出。

图 4-2　我国 GDP 不变价发展趋势

改革开放至今，中国经济增长大致经历了三个阶段。1978年至1997年，中国放弃了计划经济时期重工业优先发展战略，农业、轻工业和服务业得到了恢复和发展，能源消费翻一番支撑了经济增长翻两番；1998年至2011年，中国全面融入世界经济体系，特别是2001年中国加入世界贸易组织（WTO）以后，出现了重化工趋势，重工业和化工业等高耗能行业在国民经济中的比重上升，并成为"世界加工厂"，能源消耗的增长速度一度超过经济增长的速度；2012年至今，中国开展供给侧结构性改革，淘汰落后产能，经济进入新常态。与前面两个阶段相比，第三个阶段经济增长速度有所下滑。

（二）中国碳排放的历史趋势

对碳排放量的测量采取基于计算的排放因子法。按照IPCC（1995）给出的方法，第 i 个部门或地区第 t 期的碳排放量主要取决于该部门或地区的能源消费量、能源的 CO_2 排放因子、氧化的比例等：

$$\mathrm{CE}_i^t = \sum_j \mathrm{CE}_{ij}^t = \sum_j E_{ij}^t \mathrm{EF}_j (1 - \mathrm{CS}_j^t) O_j M \tag{4-1}$$

式(4-1)中：i 表示部门或地区；t 表示时期；j 表示能源种类；CE 表示 CO_2 排放量；E 表示能源消费量；EF 表示能源的 CO_2 排放因子；CS 表示没有参与氧化燃烧的比例；O 表示燃烧的充分程度；M 表示二氧化碳和碳的相对分子质量之比(44/12)。例如，以煤为例，1kg 碳完全燃烧生成约 3.67kg CO_2，不过煤在实际燃烧中有少量碳未完全燃烧，将夹杂在飞灰和灰渣中，同时也会产生微量的 CO。此外，煤中除碳外，还有氢、氧、氮、硫等元素，以及灰分、水分，不同煤种的含碳量和发热量存在较大差别。

CO_2 排放量既取决于化石能源消费量，也取决于化石能源内部结构。通过各种能源 CO_2 排放系数可以比较不同化石能源的碳密集度差别，其中煤炭最高，石油次之，天然气最低(表 4-2 和表 4-3)。

表 4-2 各种能源 CO_2 排放系数以及计算方法[①]

能源名称	平均低位发热量	折标准煤系数	单位热值含碳量/(吨碳·TJ^{-1})	碳氧化率	CO_2 排放系数
原煤	20 908kJ/kg	0.714 3kgce/kg	26.37	0.94	1.900 3kg-CO_2/kg
焦炭	28 435kJ/kg	0.971 4kgce/kg	29.5	0.93	2.860 4kg-CO_2/kg
原油	41 816kJ/kg	1.428 6kgce/kg	20.1	0.98	3.020 2kg-CO_2/kg
燃料油	41 816kJ/kg	1.428 6kgce/kg	21.1	0.98	3.170 5kg-CO_2/kg
汽油	43 070kJ/kg	1.471 4kgce/kg	18.9	0.98	2.925 1kg-CO_2/kg
煤油	43 070kJ/kg	1.471 4kgce/kg	19.5	0.98	3.017 9kg-CO_2/kg
柴油	42 652kJ/kg	1.457 1kgce/kg	20.2	0.98	3.095 9kg-CO_2/kg
液化石油气	50 179kJ/kg	1.714 3kgce/kg	17.2	0.98	3.101 3kg-CO_2/kg
炼厂干气	46 055kJ/kg	1.571 4kgce/kg	18.2	0.98	3.011 9kg-CO_2/kg
油田天然气	38 931kJ/m³	1.330 0kgce/m³	15.3	0.99	2.162 2kg-CO_2/m³

资料来源：易碳家期刊碳交易网 2014-09-14，http://www.yitanjia.com。

注：1.平均低位发热量等于 29 307 千焦(kJ)的燃料，称为 1 千克标准煤(1kgce)；

2.上表前两列来源于《综合能耗计算通则》(GB/T 2589—2008)；

3.上表后两列来源于《省级温室气体清单编制指南(试行)》(发改办气候〔2011〕1041 号)；

4."CO_2 排放系数"计算方法以"原煤"为例，1.900 3=20 908×0.000 000 001×26.37×0.94×1000×3.666 67。

根据各种化石能源 CO_2 排放系数可以计算出不同化石能源消费相关 CO_2 排放量。从表 4-4 和图 4-3 可以看出，我国 CO_2 排放主要是由煤炭消费导致的。例如，2020 年煤炭消费占一次能源消费的 56.8%，贡献了 73.6% 的 CO_2 排放量。

[①] 表中的 CO_2 排放系数与《2006 年 IPCC 国家温室气体清单指南》的主要差别是，碳氧化率不是 100%，更符合中国的实际情况。

表 4-3 各种化石能源 CO_2 排放系数

能源	折标准煤系数	CO_2 排放系数	CO_2 排放系数
原煤	0.714 3kgce/kg	1.900 3kg-CO_2/kg	2.660 4kg-CO_2/kgce
原油	1.428 6kgce/kg	2.860 4kg-CO_2/kg	2.002 2kg-CO_2/kgce
油田天然气	1.330 0kgce/m³	2.162 2kg-CO_2/m³	1.625 7kg-CO_2/kgce

表 4-4 我国历年能源消费相关 CO_2 排放量

年份	煤炭消费量/万 t	煤炭消费CO_2排放量/万 t	石油消费量/万 t	石油消费CO_2排放量/万 t	天然气消费量/亿 m³	天然气消费CO_2排放量/万 t	化石能源消费CO_2排放量/万 t
1980	60 924.75	115 775.31	8 733.67	26 377.44	140.491	3 037.69	145 190.43
1981	60 503.95	114 975.65	8 322.41	25 135.35	125.152	2 706.03	142 817.03
1982	64 039.45	121 694.17	8 211.30	24 799.77	116.667	2 522.58	149 016.51
1983	68 600.98	130 362.44	8 367.10	25 270.32	119.170	2 576.69	158 209.45
1984	74 745.50	142 038.88	8 635.93	26 082.25	127.947	2 766.47	170 887.60
1985	81 373.31	154 633.70	9 178.65	27 721.36	126.842	2 742.59	185 097.65
1986	85 796.30	163 038.72	9 734.15	29 399.07	139.816	3 023.10	195 460.88
1987	92 417.17	175 620.35	10 309.00	31 135.25	136.787	2 957.62	209 713.21
1988	99 077.02	188 276.07	11 131.52	33 619.41	146.837	3 174.92	225 070.39
1989	103 271.42	196 246.68	11 602.77	35 042.68	153.054	3 309.33	234 598.68
1990	105 294.25	200 090.67	11 469.06	34 638.85	155.847	3 369.72	238 099.24
1991	110 568.20	210 112.74	12 422.58	37 518.67	156.065	3 374.43	251 005.84
1992	115 696.05	219 857.21	13 373.06	40 389.31	155.957	3 372.11	263 618.62
1993	121 303.05	230 512.19	14 777.21	44 630.14	165.704	3 582.86	278 725.19
1994	128 871.27	244 894.08	14 949.07	45 149.17	175.339	3 791.17	293 834.42
1995	136 997.47	260 336.30	16 068.74	48 530.80	177.531	3 838.58	312 705.69
1996	139 109.79	264 350.33	17 696.28	53 446.30	182.967	3 956.10	321 752.73
1997	135 851.92	258 159.40	19 407.42	58 614.28	183.937	3 977.09	320 750.77
1998	135 173.53	256 870.27	19 827.99	59 884.51	184.309	3 985.13	320 739.91
1999	138 935.62	264 019.36	21 155.21	63 892.97	211.382	4 570.50	332 482.83
2000	140 935.66	267 820.03	22 632.00	68 353.18	243.098	5 256.27	341 429.48
2001	148 077.78	281 392.21	23 082.71	69 714.41	280.686	6 069.00	357 175.62
2002	162 621.09	309 028.86	24 927.32	75 285.49	2 932.53	6340.73	390 655.08
2003	193 689.30	368 067.77	27 729.02	83 747.20	340.820	7 369.21	459 184.19
2004	226 315.64	430 067.61	32 077.50	96 880.47	398.230	8 610.54	535 558.62
2005	264 918.32	503 424.28	32 565.93	98 355.61	471.643	10 197.87	611 977.77

续表 4-4

年份	煤炭消费量/万 t	煤炭消费 CO_2 排放量/万 t	石油消费量/万 t	石油消费 CO_2 排放量/万 t	天然气消费量/亿 m³	天然气消费 CO_2 排放量/万 t	化石能源消费 CO_2 排放量/万 t
2006	290 357.14	551 765.68	35 091.51	105 983.37	581.550	12 574.26	670 323.31
2007	316 107.31	600 698.72	37 060.86	111 931.20	702.501	15 189.47	727 819.39
2008	320 925.19	609 854.14	37 478.68	113 193.10	819.607	17 721.54	740 768.79
2009	336 925.96	640 260.41	38 586.49	116 538.93	884.542	19 125.57	775 924.90
2010	349 388.79	663 943.53	43 926.05	132 665.45	1 084.656	23 452.42	820 061.40
2011	380 378.25	722 832.79	45 515.08	137 465.45	1 338.645	28 944.18	889 242.42
2012	385 642.63	732 836.69	47 853.46	144 527.03	1 451.325	31 380.55	908 744.27
2013	393 391.24	747 561.37	49 903.49	150 718.51	1 661.383	35 922.42	934 202.30
2014	392 244.64	745 382.49	51 564.08	155 733.82	1 792.867	38 765.38	939 881.69
2015	383 983.47	729 683.78	55 370.66	167 230.46	1 874.774	40 536.36	937 450.59
2016	379 503.60	721 170.68	57 047.57	172 295.06	1 998.869	43 219.55	936 685.29
2017	380 524.39	723 110.50	59 339.20	179 216.25	2 326.955	50 313.42	952 640.18
2018	383 256.33	728 302.01	61 385.97	185 397.91	2 651.429	57 329.19	971 029.12
2019	392 582.95	746 025.38	64 296.51	194 188.33	2 959.850	63 997.87	1 004 211.58
2020	394 961.58	750 545.49	65 711.04	198 460.48	3 260.241	70 492.94	1 019 498.91

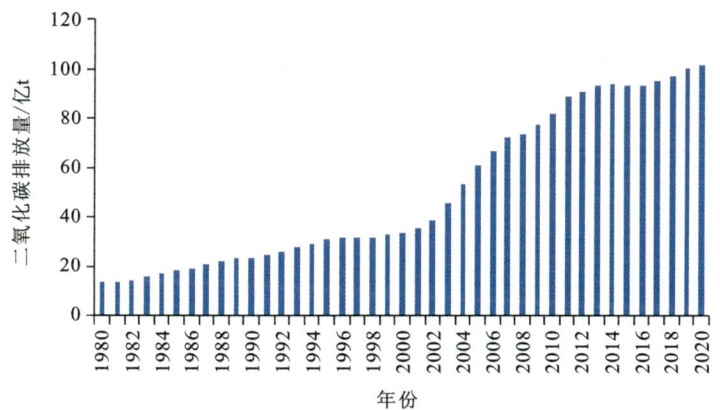

图 4-3　我国历年能源消费 CO_2 排放量

（三）中国 GDP 增长率与碳强度下降率的比较

碳强度下降率需要使用不变价 GDP 来计算。根据表 4-1 中的 2005 年不变价 GDP 数值和表 4-4 中的 CO_2 排放量，可以计算我国的碳强度（图 4-4）。有了碳强度，下一步就可以计算碳强度下降率。

图 4-4　我国碳强度发展趋势

（注：根据 2005 年不变价的 GDP 计算）

碳排放发展趋势可以由 GDP 增长率和碳强度下降率的大小来判断。当碳强度下降率趋近甚至等于 GDP 的增长率时，碳排放就实现了达峰。在 1981 年、1997 年、1998 年、2015 年和 2016 年，碳强度下降率都趋近甚至超过了 GDP 的增长率，导致碳排放量出现了负增长（图 4-5）。负增长的前一年是一个峰值，例如，1996 年和 2014 年，但是，这之后 GDP 增长率再次大幅超过碳强度下降率，导致碳排放出现了反弹。尤其是在 2000 年之后，GDP 增长率上行，而碳强度下降率下行，导致两者之间的差距拉大，碳排放量快速上涨（图 4-3）。受新冠疫情的冲击，2020 年我国 GDP 增长速度出现了大幅下降，但中国是同期世界主要经济体中唯一保持正增长的。

图 4-5　我国 GDP 增长率和碳强度下降率的比较

二、中国碳排放的不同影响因素的贡献

（一）碳排放的不同影响因素贡献的分解方法

非化石能源消费占一次能源消费的比重既是我国应对气候变化国际承诺的重要指标，也是国内能源系统向低碳转型的重要目标，因此将第二章中式（2-7）进行调整，将

$$CE = \frac{CE}{E} \times \frac{E}{GDP} \times GDP$$

调整为：

$$CE = \frac{CE}{FE} \times \frac{FE}{E} \times \frac{E}{GDP} \times GDP = F \times S \times EI \times GDP \tag{4-2}$$

式(4-2)中：FE 表示化石能源消费量，$S=FE/E$ 表示化石能源在一次能源消费中的占比，非化石能源在一次能源消费中的占比就是 $1-FE/E$；$F=CE/FE$ 表示化石能源的 CO_2 排放系数或碳密集度；$EI=E/GDP$ 表示能耗强度。变量的定义见表4-5。

表4-5 变量的定义

变量	含义	变量	含义
CE	二氧化碳排放量	GDP	经济产出
i	不同产业部门	FE	化石能源消费量
w	权重	S	化石能源在一次能源消费中的占比
t	不同年份	F	化石能源碳密集度
E	能源消费量	EI	能耗强度

基于式(4-2)，采用 LMDI 分解方法对 CO_2 排放进行因子分解，从第 0 期到第 t 期，CO_2 排放量的变化为(Ang，1998)：

$$\Delta CE = CE^t - CE^0 = F_{effect} + S_{effect} + EI_{effect} + GDP_{effect} \tag{4-3}$$

式(4-3)中：F_{effect} 表示总体化石能源碳密集度的变化对碳排放变化的贡献；S_{effect} 表示化石能源消费占比的贡献；EI_{effect} 表示单位GDP能耗变动的贡献；GDP_{effect} 表示经济产出的贡献。

$$F_{effect} = L(CE^t, CE^0) \ln(F^t/F^0) \tag{4-4}$$

$$S_{effect} = L(CE^t, CE^0) \ln(S^t/S^0) \tag{4-5}$$

$$EI_{effect} = L(CE^t, CE^0) \ln(I^t/I^0) \tag{4-6}$$

$$GDP_{effect} = L(CE^t, CE^0) \ln(GDP^t/GDP^0) \tag{4-7}$$

上式中，上标 t 和 0 分别表示 t 时期和 0 时期，此外，$L(A,B)=(A-B)/(\ln A - \ln B)$。

（二）对数据的分析

在经济发展取得举世瞩目的成绩的同时，我国的能源消费量也在高速增长。我国的能源消费从1980年的6.0亿t标准煤增长到2020年的49.8亿t标准煤，40年间增加了7倍多（图4-6）。21世纪以来，我国能源消费增长加快。2010年我国超过美国成为世界能耗第一大国，能源消费量占世界能源消费总量的20.3%。

根据能源消费量和表4-1中的2005年不变价GDP数值，可以计算我国的能耗强度。改革开放以来，我国能耗强度总体呈现下降趋势（图4-7）。从1980年到2020年，能耗强度下降幅度达到75%以上，远高于世界平均水平和发达国家单位GDP能耗下降幅度。

图 4-6　我国历年一次能源消费总量

（注：采用发电煤耗计算法）

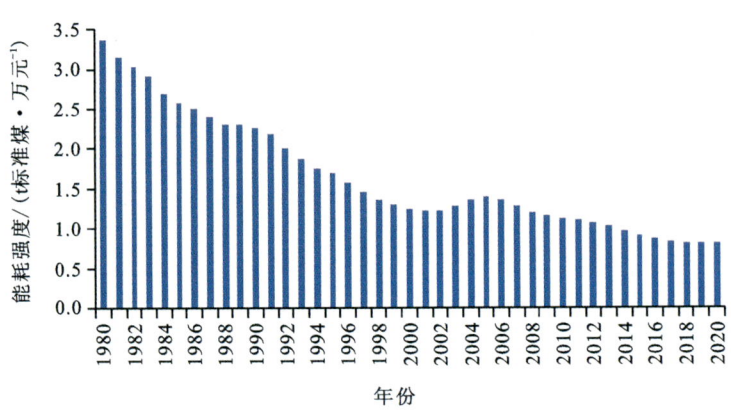

图 4-7　我国能耗强度变化趋势

从能源消费结构来看，石油和天然气的占比合计不足 30%，说明我国的能源结构还没有完成从煤炭向油气的转型（图 4-8）。近些年，非化石能源在一次能源消费总量中的占比呈持续上升趋势，2020 年达到 15.9%。与我国非化石能源占比上升相对应的是煤炭占比的下降。

在化石能源内部，碳排放系数也有波动，反映了化石能源整体碳密集度的变化（图 4-9）。从 2009 年开始能源碳密集度呈下降趋势，这主要受煤炭消费占比下降和天然气消费占比上升的影响。目前，我国能源碳排放强度偏高，是世界平均水平的 1.5 倍，这主要是因为我国能源结构仍然以煤为主。2020 年煤炭占我国一次能源消费的比重还有 56.8%，比世界平均水平的 2 倍还要高。

图 4-8　化石能源在一次能源中的占比

（注：非化石能源是指一次电力及其他能源，包括水电、核电、风电和太阳能发电等）

图 4-9　我国化石能源 CO_2 排放系数

（三）计算结果

采用 LMDI 分解方法对 CO_2 排放进行因子分解，得到各因子的贡献情况（图 4-10）。

第一，GDP 是最重要的增碳因子。在"六五"和"七五"（1981—1990 年）期间，GDP 的效应是年均增碳约 1.6 亿 t；在"八五"和"九五"（1991—2000 年）期间，GDP 的效应上升到年均增碳约 2.9 亿 t；在"十五"（2001—2005 年）期间，GDP 的增碳效应快速上升，从期初的 2.8 亿 t 上升到期末的 6.2 亿 t，翻了一番多；在"十一五"（2006—2010 年）期间，GDP 的效应达到年均增碳 7.7 亿 t；在"十二五"（2011—2015 年）期间，GDP 的效应有所下降，年均增碳 6.9 亿 t；在"十三五"（2016—2020 年）期间，GDP 的效应进一步下降，年均增碳 5.4 亿 t。GDP 的增碳效应经历了先上升后下降的过程。

第二，能耗强度是最重要的减碳因子。在"六五"和"七五"（1981—1990 年）期间，能耗强度的年均减碳效应大约 6900 万 t；在"八五"和"九五"（1991—2000 年）期间，能耗强度的减碳

图 4-10 不同因子对 CO_2 排放的贡献

效应达到年均 1.8 亿 t；在"十五"（2001—2005 年）期间，能耗强度开始成为增碳因子，年均增碳约 1.1 亿 t，导致碳排放形势趋于严峻；在"十一五"（2006—2010 年）期间，能耗强度又成为减碳因子，年均减碳效应达到 3.1 亿 t；在"十二五"（2011—2015 年）期间，能耗强度的年均减碳效应达到 3.7 亿 t；在"十三五"（2016—2020 年）期间，能耗强度的年均减碳效应达到 2.6 亿 t。能耗强度的减碳效应先波动，后趋于下降。

第三，能源结构近年来是减碳因子。在"十一五"（2006—2010 年）期间，化石能源占比有所下降，年均减碳效应达到 3000 万 t，同时化石能源含碳量有所降低，年均减碳 1100 万 t；在"十二五"（2011—2015 年）期间，化石能源占比的年均减碳效应 5500 万 t，同时化石能源含碳量年均减碳效应 2400 万 t；在"十三五"（2016—2020 年）期间，化石能源占比的年均减碳效应 8000 万 t，同时化石能源含碳量年均减碳效应 3600 万 t。化石能源占比及含碳量的减碳效应近年来趋于上升。化石能源占比的减碳效应来自非化石能源的发展，而化石能源含碳量的减碳效应主要来自天然气比重的上升。

三、对能耗强度影响因素的分解

根据前面的分析，能耗强度是最重要的减碳因子。例如，"十三五"期间，能耗强度的年均减碳效应达到 2.6 亿 t，而化石能源占比（即发展非化石能源）的年均减碳效应是 8000 万 t，化石能源含碳量年均减碳效应是 3600 万 t。能源结构总体年均减碳效应是 1.16 亿 t，还不到能耗强度减碳效应的一半。因此，有必要对能耗强度的影响因素做进一步分解。

（一）能耗强度的不同影响因素贡献的分解方法

根据 LMDI 分解方法，对能耗强度的影响因素进行进一步分解（Ang，2004）：

$$\Delta \mathrm{EI}_{\mathrm{tot}} = \Delta \mathrm{EI}_{\mathrm{str}} + \Delta \mathrm{EI}_{\mathrm{int}}$$
$$= \sum_i L(w_i^t, w_i^0) \ln\left(\frac{\mathrm{Str}_i^t}{\mathrm{Str}_i^0}\right) + \sum_i L(w_i^t, w_i^0) \ln\left(\frac{\mathrm{Int}_i^t}{\mathrm{Int}_i^0}\right) \quad (4\text{-}8)$$

式(4-8)中,
$$w_i^t = \mathrm{Str}_i^t \cdot \mathrm{Int}_i^t \quad (4\text{-}9)$$
$$\mathrm{Str}_i^t = \frac{\mathrm{GDP}_i^t}{\mathrm{GDP}^t} \quad (4\text{-}10)$$
$$\mathrm{Int}_i^t = \frac{E_i^t}{\mathrm{GDP}_i^t} \quad (4\text{-}11)$$

式中:$i=1,2,3$,分别表示国民经济第一、二、三产业;w 表示权重;$\mathrm{Str}_i(i=1,2,3)$ 表示第 i 产业的 GDP 占总 GDP 的比重;$\mathrm{Int}_i(i=1,2,3)$ 表示第 i 产业单位 GDP 的能耗;$\Delta \mathrm{EI}_{\mathrm{str}}$ 表示能耗强度中的产业间结构效应;$\Delta \mathrm{EI}_{\mathrm{int}}$ 表示能耗强度中的产业内部效应,包括产业内部结构调整和技术进步效应。

能耗强度中的产业结构效应反映的是产业间结构的变化对能源服务需求的影响。一般来讲,第二产业对能源服务的需求较高,而第三产业对能源服务的需求较低。第二产业占比较高,即产业结构偏重时,对能源服务的需求也高。

能耗强度中的产业内部结构调整和技术进步效应,指的是某产业需要消耗的能源数量。技术水平越高,满足一定的能源服务的需求需要消耗的能源就越少。同时,产业内部的结构调整也会对能耗产生影响,例如,第二产业内部的轻重工业比例会影响第二产业的能耗强度。

(二)对数据的分析

在 GDP 的产业构成上,第二产业的占比仍然较高。从 1980 年到 2015 年,第二产业在我国 GDP 中的占比一直高于 40%,最高达 48.1%(图 4-11),远远高于国外发达国家。从"十三五"规划开始,第二产业的占比降到 40% 以下,2020 年下降到 37.8%。

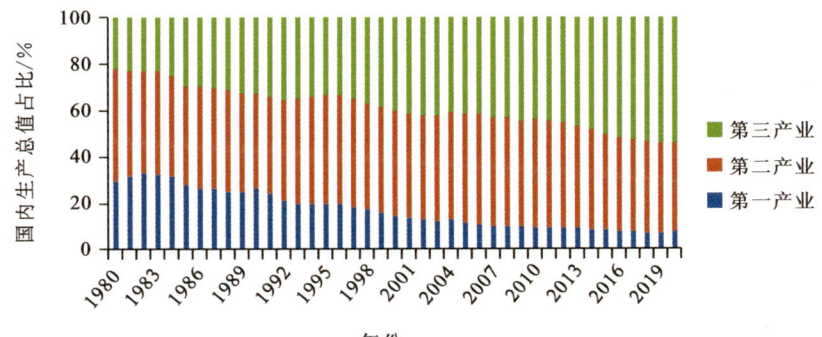

图 4-11 我国 GDP 产业构成

(注:第一产业是指农、林、牧、渔业;第二产业包括工业和建筑业;第三产业包括交通运输业、仓储和邮政业、批发和零售业、住宿和餐饮业以及其他。分类来源于《中国经济社会统计年鉴》)

从能源消费的最终用途来看,我国的能源消费主要受生产的驱动。生产部门是我国能源消费的最大部门,特别是第二产业(表 4-6)。这与国外发达国家普遍完成工业化、工业占 GDP 比重持续下降有所不同。

表 4-6 我国各产业 GDP 和能源消费量

年份	能源消费总量/万 t 标准煤	各产业能源消费量/万 t 标准煤			GDP/亿元 2005年不变价	各产业 GDP/亿元		
		第一产业	第二产业	第三产业		第一产业	第二产业	第三产业
1995	131 175.50	5 505.20	97 525.80	28 144.50	77 605.46	15 207.99	36 281.94	26 115.53
1996	138 948.42	5 717.09	101 770.92	31 460.41	85 306.05	16 485.78	40 183.77	28 636.50
1997	137 798.97	5 905.40	100 885.22	31 008.35	93 185.40	16 675.76	43 890.60	32 619.04
1998	132 213.92	5 790.32	96 021.24	30 402.36	100 496.85	17 244.26	46 026.33	37 226.26
1999	130 119.09	5 831.75	92 178.92	32 108.42	108 196.53	17 381.57	49 079.01	41 735.95
2000	146 965.00	4 233.00	105 221.00	37 511.00	117 382.43	17 227.39	53 452.73	46 702.31
2001	155 548.00	4 553.00	112 008.00	38 987.00	127 167.14	17 782.37	56 964.03	52 420.74
2002	169 576.00	4 929.00	122 375.00	42 272.00	138 782.11	18 460.06	61 691.06	58 630.99
2003	197 082.00	5 683.00	142 120.00	49 279.00	152 713.13	18 858.50	69 673.82	64 180.81
2004	230 282.00	6 392.00	166 577.00	57 313.00	168 158.01	21 720.35	77 186.86	69 250.80
2005	261 370.00	6 860.00	191 400.00	63 110.00	187 318.90	21 806.70	88 084.40	77 427.80
2006	286 466.00	7 154.00	210 426.00	68 886.00	211 147.70	22 436.04	100 418.81	88 292.85
2007	311 441.00	7 068.00	230 038.00	74 335.00	241 195.80	24 802.18	113 026.80	103 366.82
2008	320 612.00	6 873.00	235 953.00	77 786.00	264 472.80	27 110.83	124 123.69	113 238.28
2009	336 126.00	6 978.00	248 279.00	80 869.00	289 329.90	28 314.40	132 755.46	128 260.04
2010	36 0647.87	7 266.50	266 910.61	86 470.76	320 102.60	29 850.09	148 843.30	141 409.21
2011	387 043.12	7 675.23	284 099.49	95 268.40	350 675.04	33 084.46	162 715.60	154 874.98
2012	402 137.88	7 803.57	291 048.92	103 285.39	378 251.20	35 631.05	171 247.60	171 372.55
2013	416 913.00	8 055.00	298 147.00	110 711.00	407 626.71	37 889.68	179 389.01	190 348.02
2014	425 806.10	8 094.27	303 206.00	114 505.81	437 387.48	39 626.94	188 526.91	209 233.63
2015	429 906.00	8 232.00	299 972.00	121 702.00	467 591.76	39 380.77	192 246.48	235 964.51
2016	435 819.00	8 544.00	298 246.00	129 029.00	499 081.20	42 703.52	198 683.53	257 694.15
2017	448 529.00	8 931.00	303 043.00	136 555.00	532 803.63	40 312.72	216 004.37	276 486.54
2018	471 926.00	8 781.00	319 836.00	143 309.00	567 795.12	39 989.83	225 340.82	302 464.47
2019	487 487.00	9 018.00	331 645.00	146 824.00	605 803.06	43 012.02	233 839.98	328 951.06

(三) 计算结果

根据 LMDI 分解方法，对能耗强度影响因素进行进一步分解。第一，产业内部结构调整和技术进步效应的影响总体上要比产业间结构调整效应的影响大（图 4-12）。第二，近年来，产业内部结构调整和技术进步效应在绝对量方面趋于缩小。

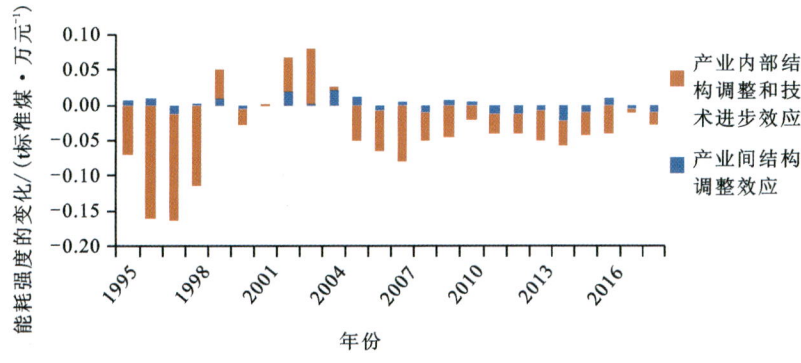

图 4-12 不同因子对能耗强度变化的贡献

第五章 中国未来低碳经济增长的阶段性路径

中国未来需要平衡经济增长与碳减排的关系。中国计划在2035年基本实现现代化并承诺在2030年前实现碳达峰,那么就需要在实现发展目标的同时,履行气候承诺并推动经济绿色转型。中国现阶段的发展需求已从经济发展单一目标转变为经济与可持续发展并重,国际环境也从承接发达国家落后产能转变为保护自身绿色产业。中国在经济发展绿色转型中的主要任务将是平衡绿色产业和传统产业的利益,适应甚至引领全球产业转型的新趋势。

本章将探讨国家宏观层面经济增长和碳达峰的阶段性路径,这包括在"十四五""十五五"和"十六五"这三个五年规划期该怎么做。后文还将探讨碳达峰的行业路径和地区路径。

一、中国未来经济增长路径

我国能否在2030年前实现碳达峰、在2035年基本实现现代化,取决于未来三个五年规划期经济和能源发展的情况。中国目前虽然是世界第二大经济体,但是人均收入水平远低于发达国家。虽然近年来能耗强度下降较快,但是与其他国家相比,中国能耗强度依然偏高。

(一)中国经济增长方式的转型

中国的改革开放政策使得资本和劳动的要素红利得到充分释放,助推经济快速发展。中国实施改革开放政策以后,改变了计划经济时期重工业优先发展的战略,农业和轻工业得到恢复和发展。在2001年加入WTO以后,得益于外贸顺差的资本积累和积极利用外资,中国的重化工业得到快速发展,中国成为"世界加工厂"。2010年,中国取代日本成为世界第二大经济体。

作为后发经济体,2010年以后中国的经济增长速度开始回落。人口红利效应减弱以及与美国的贸易摩擦造成了中国经济增长速度的下滑。尤其值得注意的是,为维持人民币汇率稳定,中国也不得不超发人民币以对冲长期贸易顺差下的巨量外汇储备,资产价格特别是房地产价格泡沫也日益累积。要素投入红利可以带来一时的高增长,但无法长期如此。况且一国的人口红利本身就会随着经济增长而逐渐消失。房地产去杠杆,只是提前触发了这种不可持续的高增长的调整。

实际上,每一个东亚模式经济体,高速增长回落后都普遍面临着从要素投入红利向要素组合红利的转型,即转向创新驱动的增长,以追加要素投入承接技术转移的发展模式无法驱动以要素组合红利为突出特征的前沿创新。

坚持创新驱动发展,全面塑造发展新优势。中国需要发挥超大规模市场优势,加快建设

(一)中国化石能源的低碳化

我国化石能源的低碳化路径是增气、稳油、减煤,通过增加天然气消费来减少煤炭的使用。天然气是重要的清洁能源,美国和欧盟都是以天然气作为重要的减碳工具,实现总体碳减排,凸显了天然气在能源转型中的地位。煤炭将从主体能源逐步走向保障性能源。

近年来,天然气在中国获得了较快的发展。从2000年的年消费272亿m^3增加到2020年的3145亿m^3,20年间增长了10.6倍,其中,近十年平均年增长量超过200亿m^3。按照目前的发展趋势,2030年,中国天然气需求量将达到5000亿~6000亿m^3,以工业燃料和天然气发电增长为主,其中,国内天然气产量2000亿m^3,对外依存度上升到60%以上[①]。预测2035年天然气消费量达6300亿m^3,2040年前天然气消费达峰,峰值约6400亿m^3。中国天然气消费量发展趋势见图5-2。

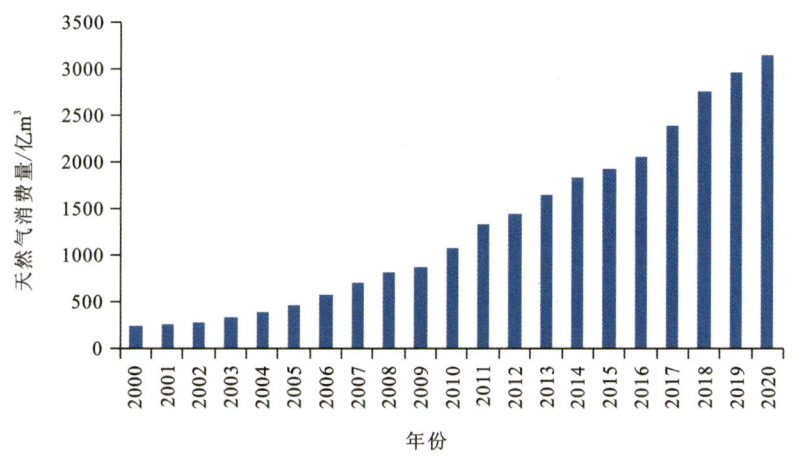

图5-2 中国天然气消费量发展趋势

(二)中国非化石能源的发展

中国非化石能源中发展最快的是风电和太阳能发电。非化石能源种类较多,主要包括水电、核电、风电、太阳能发电等,其中,常规水电建设在稳步推进,核电保持平稳建设节奏,而风电和太阳能发电保持快速增长(图5-3)。

我国风电和太阳能发电将从补充性能源发展成主体能源,但是面临着弃风和弃光的问题。在2020年12月12日气候雄心峰会上,习近平总书记进一步宣布,到2030年中国非化石能源占一次能源消费比重将达到25%左右,风电、太阳能发电总装机容量将达到12亿kW

---

① 中国科学院院士、中国石油勘探开发研究院副院长邹才能于2018年11月22日在上海能源创新论坛上表示,预计到2030年,我国天然气需求量为5000亿~6000亿m^3,而国产气供给能力2000亿m^3;中亚、中缅、中俄等进口管道气供给能力1580亿m^3;已建和在建LNG(液化天然气)接收站能力6940万t,按80%负荷测算约为750亿m^3,合计供给能力4300亿m^3。预计到2030年,我国仍有1200亿~1700亿m^3天然气供需缺口,需依靠加大LNG进口来满足需求。

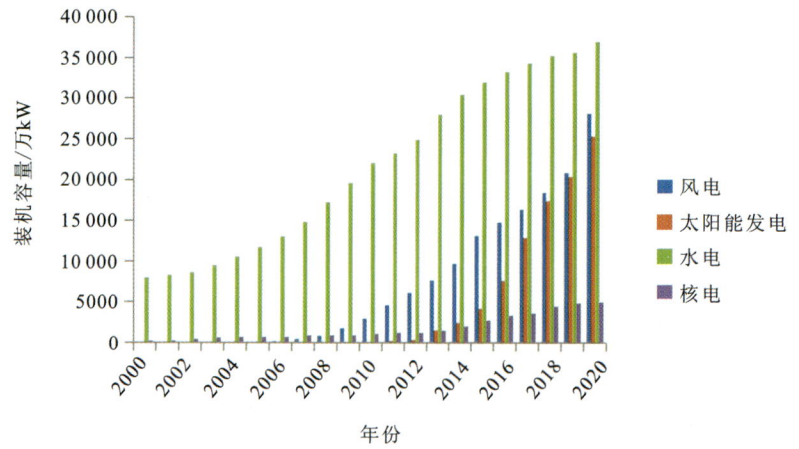

图 5-3 中国主要非化石能源的发展趋势

(数据来源:各年的《中国统计年鉴》和《中国能源统计年鉴》。太阳能发电主要是光伏发电)

以上。这比目前的装机容量翻一番还要多。风电和太阳能发电既是绿色能源,也是绿色产业,在资源禀赋和技术能力上具备大规模发展的条件,但是,风能和太阳能都是间歇性资源,需要充分考虑大规模发展对电网的安全稳定运行造成的不利影响。从 2010 年起,中国就面临着弃风的挑战,此后又面临着弃光的问题。

中国发生弃风和弃光现象与中央政府的激励政策有关。我国可再生能源发电成本分摊存在不对称问题。在我国,可再生能源发电项目上网电价高于当地常规电价的部分以及接网费用,通过向电力用户征收电价附加的方式在全国范围内分摊,而备用等辅助服务相关的费用由省级电力调度交易机构在省内平衡。这种不对称激励政策导致省级地方政府在开发可再生能源发电项目上积极,而在消纳可再生能源电力上缺乏激励。

我国可再生能源资源和电力负荷的空间错位决定了跨省消纳可再生能源电力的必要性。我国风能资源富集地区主要集中在西北地区、华北地区和东北地区(简称"三北"地区),太阳能资源富集地区主要集中在西北和华北,而电力负荷中心主要位于东部沿海地区。这种资源与负荷之间在空间上的不对称分布决定了单独依靠省内消纳难以实现可再生能源的大规模发展。

电力是基础产品,涉及面广,电价直接影响一个地区的居民福利和产业竞争力,有着政治和经济上的敏感性。由于可再生能源资源的间歇性,消纳外省的可再生能源电力除了会相应减少本省的发电量以外,还会降低本省的发电效率,增加备用相关的成本。这部分备用相关的成本只在省内平衡的条件下,会推高省内的电力供应成本。因此,各省对消纳省外的可再生能源电力缺乏积极性。自 2015 年党中央国务院进一步深化电力体制改革以来,鼓励开展"跨省跨区电力双边交易"。但是,风电、光伏等可再生能源电力参与市场化交易后,跨省外送电力的价格往往被压得很低。

辅助服务相关成本的核算由于面临着技术上的复杂性,难以准确衡量及像上网电价那样在全社会分摊,只能通过电力市场化改革来转嫁。加快推进电力市场化改革,通过电力现货交易发现辅助服务的价格。在中国价格型电力库建设面临挑战的情况下,可以试行成本型电力库模式。

中国的弃风和弃光现象与电力市场化改革滞后有关,资源配置缺乏价格信号的引导。电力现货市场是指开展日前及日内、实时电能量交易和备用、调频等辅助服务交易的市场,是电力市场体系的核心环节。只有电力现货市场全面启动,才能充分发挥市场对价格和供需的调节作用,提高电力系统的运行效率。从电力现货市场建设试点地区来看,当前我国价格型电力现货市场建设面临困难和挑战,包括不同成本机组同台竞价问题、外来电参与市场交易问题、上游燃料价格向下游传导问题、控煤要求和市场势力问题等。发电厂竞价上网是成熟市场经济国家的通行做法,从当前世界各国的电力市场建设实践看,尽管对现货市场的重要性有共识,但是在具体的构建方式上存在着较大差异。各国电力市场建设经验是在其市场环境里形成的,受其法制和经济制度、能源禀赋和电网结构等因素影响。基于我国国情,电力流向是从西向东单向流动,而非双向流动、互为备用,在具体电力市场模式上,可试行成本型电力库模式,实现市场化改革的突围。

在成本型电力库模式下,电站上网顺序仅与发电可变成本有关,而不是基于发电商的自主报价。电网某一接入点各类型电站按发电可变成本从低到高的顺序依次上网,低可变成本所发电量全部上网后,次低级电站才能上网,当所接入的电站发电量满足该时段所有需求后,剩余电站无法再上网;当需求中的两个电站可变成本相同时,则平均分配发电量。边际机组的可变成本成为市场出清电量电价。发电可变成本主要包括燃料成本、设备维护成本、配件和耗材成本、环境成本、废料处理成本等。所有发电企业须定期向经济调度中心报送其可变成本,经济调度中心即根据此数据设定所有电站的上网优先级,并有权对其进行核查,其他企业有权监督或提出质疑。交易调度中心根据发电厂上报成本要素数据,统一优化发电生产,实现全系统发电成本最小化。发电商的收入分为两部分:电量电价收入和容量电价收入,电量电价收入即为电站实际售电的电量收入,容量电价收入取决于电站的稳定容量。稳定容量即电站的最低可用容量,取决于电网年用电需求和该电站最低发电量,由政府核算确定。稳定容量的界定因电源点类型不同而有差异。容量电价由政府部门定期核准。

成本型电力库模式有利于克服当前我国电力现货市场建设中的问题,或是我国电力现货市场建设的可行选择。依照可变成本排序规则,各类能源通常的上网优先级顺序从高到低依次是小型水电、光伏、风电、大型水电站、核电、生物质发电、煤电、天然气等,解决了不同成本同台竞价的问题。外来电参与市场交易的问题,可以依照可变成本最小化的原则确定,其中,外来电的可变成本还包括输电环节。如果担心燃料价格上涨而使被压制的电价出现跃升,可以在市场中设计"记账"机制,发电企业收益比目前增长超过20%的部分,仅记账不结算,用于未来发电企业收益下降的补偿,这在国外市场中也曾有先例。关于市场势力问题,发电厂上报的是成本而不是价格,市场监管的核心在于发电企业上报成本要素数据的真实性,实行发电成本监管而不是市场行为监管。容量电价和电量电价的两部制有利于辅助服务市场和容量市场的建设,为电能市场竞争奠定基础。

三、中国未来碳排放路径

中国未来的碳排放路径取决于经济增长和能源转型路径。根据中国未来经济增长路径和能源转型路径,并结合《中华人民共和国国民经济和社会发展第十四个五年规划和2035年远景目标纲要》,可以制定未来中国经济发展和能源转型路径的相关指标,在此基础上进一步预测中国的碳排放路径。

"十四五"规划对能耗强度和碳强度等制定了约束性指标。在"十四五"时期,GDP年均增速保持在合理区间,各年度酌情提出;单位GDP能源消耗和二氧化碳排放分别降低13.5%、18%。能耗强度和碳强度的下降目标是约束性的,是必须要完成的,也是最低要求。

由于经济、能源和碳排放之间是相互关联的,已知某些指标的数值就可以计算出其他指标。在"十四五"时期,GDP能耗强度累计下降13.5%,换算成年均是2.86%;又根据GDP年增长5.3%,计算出能耗增长率为2.29%;再根据2020年能源消费量为49.8亿t,计算出2025年能源消费量为55.8亿t。由能源结构可以算出单位能耗碳密集度,进而计算出单位能耗碳密集度下降率,再根据能耗强度下降率和单位能耗碳密集度下降率,可以计算出碳强度下降率[①]。在"十五五"时期,根据GDP年增长率4.8%和能源消费量不超过60亿t[②]计算出其他指标的数值。在"十六五"时期,假设能耗不超过64亿t标准煤,并假设非化石能源占比上升到30%,煤炭占比下降到40%,石油占比下降到15.5%,可得到其他指标的值(表5-4)。

表5-4 未来中国经济发展和能源转型目标

项目	"十四五"	"十五五"	"十六五"
GDP年增长率(年均)/%	5.3	4.8	4.3
GDP能耗强度下降幅度(累计)/%	(13.5)	15.2	13.6
能耗强度下降率(年均)/%	(2.86)	3.25	2.88
能源消费量/亿t标准煤	55.8	59.8(60)	63.8
能耗增长率(年均)/%	2.29	1.39	1.30
期末非化石能源占比/%	(20)	(25)	30
期末煤炭占比/%	51	45	40
期末天然气占比/%	11	13	14.5
期末石油占比/%	18	17	15.5
单位能耗碳密集度	1.90	1.75	1.61
单位能耗碳密集度下降率(年均)/%	1.48	1.63	1.67
碳强度下降率(累计)/%	19.7(18)	22.0	20.6
碳强度下降率(年均)/%	4.3(3.9)	4.8	4.5
碳强度比2005年累计下降率/%	60.0	68.2	

注:1.括号内的数值是政策要求;
2."十四五"和"十五五"期间的能源结构参考了清华大学气候变化与可持续发展研究院(2021)相关资料。

[①] 还需要考虑2021年GDP增长率8.1%、能耗增长率5.2%的影响。
[②] 在非化石能源占比是25%的情况下,能源消费量不超过60亿t也可以理解为化石能源消费量不超过45亿t。能源消费量不超过60亿t的要求见国家发展改革委2016年12月公开发布的《能源生产和消费革命战略(2016—2030)》。

从表 5-4 可以看出,"十五五"期间是可以实现碳达峰的。在"十五五"期间,碳强度下降率(年均)与 GDP 年增长率一样高;在"十六五"期间,碳强度下降率(年均)超过 GDP 年增长率。这些保证了在 2030 年前可以实现碳达峰。

根据能源消费量和能源结构,可以得到我国未来的能源发展趋势。从图 5-4 可以看出,煤炭在"十四五"时期就开始下降,这超出了政府的目标;石油消费在"十五五"时期达峰,在"十六五"时期开始下降;天然气的消费量在未来十五年翻了一番。按照这个设想,在"十六五"期末,煤炭占比为 40%,石油和天然气合计占 30%,非化石能源占 30%,即 4:3:3,是一个比较理想的目标。

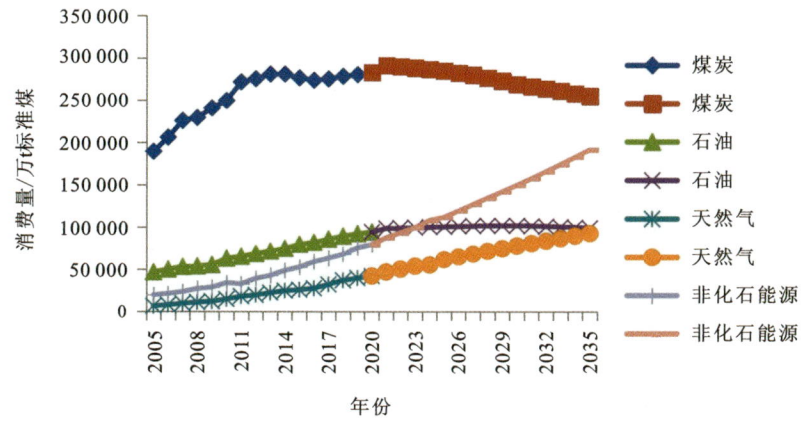

图 5-4 不同类型能源未来发展趋势

(注:2020 年之后为预测值,故用不同符号表示,后同)

按照前面的设想,我国的碳排放量将在 2027 年达峰,峰值约 107 亿 t,比 2020 年增加了约 5%。从图 5-5 可以看到,峰值前后的碳排放量相差较小,只有将时间尺度扩大到碳达峰前后的若干年,才能判断是否已经达峰。

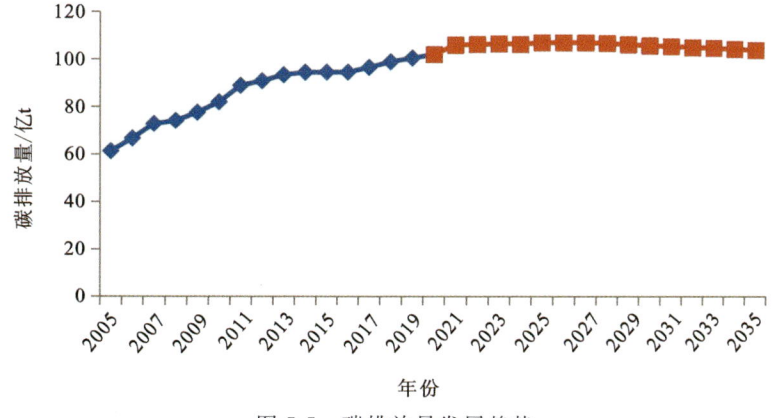

图 5-5 碳排放量发展趋势

四、进一步的讨论

本章探讨了我国在宏观层面上在 2030 年前实现碳达峰、2035 年人均 GDP 翻一番的阶段性路径。在"十四五"期间GDP年均增长5.3%、能耗强度下降13.5%、碳强度下降18%的基础上,"十五五"和"十六五"期间GDP年均增速分别为4.8%和4.3%,能耗强度分别下降15.2%和13.6%,碳强度分别下降22%和20.6%的情况下可以实现2030年前碳达峰、2035年人均GDP比2020年翻一番的目标。

关于三个五年规划期的目标,有以下几点说明。首先,这是一条可行的路径,但不是唯一的路径,例如,如果可再生能源发展的力度更大,对能源消费的总量和强度的控制都可以放松;其次,这只是在当前条件下的设想,随着形势的变化还会有调整,"十四五"规划的某些指标可能会超额完成,也可能有些指标会达不到预期,那么在后面制定"十五五"规划时需要进行调整,例如,如果"十四五"期间GDP增长速度达不到预期目标,那么"十五五"期间经济增长的压力会变大;再次,2030年前能否实现碳达峰要根据后面一些年份的发展情况来判断,例如,"十六五"规划及完成情况也非常重要,如果在"十六五"期间碳排放出现大幅反弹,就不能判定我国在2030年前实现了碳达峰;最后,这个设想的阶段性目标完成起来难度很大,需要我国付出艰苦的努力,例如,在"十五五"规划时期,能耗强度累计下降15.2%,在"十六五"期末,煤炭占比下降到40%,非化石能源占比升高到30%,这都不是容易的事情。

在2030年前实现碳达峰只是我国碳减排的中期目标,在远期还有碳中和。目前,中国的碳达峰工作已经进入关键期,碳达峰之后只有30年的时间就需要实现碳中和。按照政府政策的要求,"十四五"时期煤炭消费达峰,"十五五"时期石油消费达峰,2050年能源消费总量基本稳定,非化石能源占比超过50%,2060年非化石能源消费占比达到80%以上。碳中和要求经济系统和能源系统基本完成脱碳,是更大的挑战。

另外,近期俄罗斯和乌克兰之间的冲突导致国际能源供应发生变化,增加了我国碳达峰的不确定性。俄罗斯和乌克兰之间的冲突导致国际能源价格上涨,能源安全的重要性再次凸显。能源安全可能取代能源低碳化而成为我们的首要目标。

第二篇

中国低碳经济增长的行业性路径研究

第六章 中国分行业低碳经济增长的历史路径

在第一篇第二章讨论碳达峰的相关条件的基础上,第三章又考察了国外碳达峰国家的行业性碳达峰路径。其中,能耗强度受到产业结构的影响,另外,通过国外碳达峰国家的经验分析发现,这些国家的工业部门碳达峰一般早于全国碳达峰。第二篇将研究我国低碳经济增长的行业性路径。

一、中国行业的分类

从能源消费的角度来看,中国行业的分类与国外有所不同。世界银行按照中间环节和终端部门分类,包括制造业和建筑业、电力和热力生产、住宅建筑和商业及公共服务、运输部门、其他部门5个类别,其中电力和热力生产主要属于中间能源转换环节。中国仅按终端用能部门分类,能源消费一级行业分类包括7个类别,农林牧渔业[①],工业,建筑业,交通运输、仓储和邮政业、批发和零售业、住宿和餐饮业,其他,居民生活(图6-1)。工业包括3个子部门,采矿业,制造业,电力、热力、燃气及水生产和供应业。每个子部门又包括若干三级部门。

需要注意的是,这些三级部门前后有变化。例如,2003年减少了"木材及竹材采运业",增加了"废弃资源和废旧材料回收加工业",2012年增加了"开采辅助活动",将"橡胶制品业"和"塑料制品业"合并成"橡胶和塑料制品业",同时将"交通运输设备制造业"分成"汽车制造业"和"铁路、船舶、航空航天和其他运输设备制造业"。

另外,中国与国外在能耗归属上也有差别。建筑业能源消费指的是建筑企业用能,建筑物的照明、空调和供暖等能耗在我国归属居民生活用能,在国外归属住宅建筑和商业及公共服务部门用能。私家车能耗在国外统计给运输部门,在我国属于生活用能。在我国,交通运输、仓储和邮政业用能仅仅指的是经营性用能,不包括生活用能。

除特别说明外,本篇的数据来自国家统计局的《中国统计年鉴》《中国能源统计年鉴》和《中国电力年鉴》,部分数据来自中国电力企业联合会发布的中国电力工业发展最新统计数据。《中国能源统计年鉴》的出版要比《中国统计年鉴》晚一年左右。数据的起始时间是1994年,截至2019年或2020年。

[①] 农林牧渔业产生的温室气体比较复杂,它贯穿从种养业生产到能源和投入品使用,以及废弃物处理全过程,具体可分为4个部分。第一,在畜牧业和渔业方面,牲畜在正常消化过程中产生甲烷。畜禽粪便处理过程中也会产生温室气体。第二,在粮食生产方面,主要是化学肥料、有机肥料和农药的生产和使用过程中释放的一氧化二氮等温室气体。第三,在土地利用方面,草原、树林转化为农作物用地或畜牧用地,减少了碳汇,变相增加了二氧化碳的排放。第四,在食品供应链方面,食品加工、运输、包装和零售都需要消耗能源和资源,从而导致二氧化碳的排放。本项研究仅计算农林牧渔业生产环节化石能源消耗产生的二氧化碳部分。

图 6-1 中国按能源消费的行业分类

按照中国相关能源统计,能源的分类比较细致。工业分行业终端能源消费的能源类别有原煤、洗精煤、焦炭、焦炉煤气、高炉煤气、转炉煤气、原油、汽油、煤油、柴油、燃料油、液化石油气、炼厂干气、天然气、液化天然气、热力、电力、其他等。同时,又提供了分行业的煤炭、焦炭、原油、汽油、煤油、柴油、燃料油、天然气、电力消费数据。

能源有一次能源和二次能源之分。为了避免重复计算,首先,需要根据能源流量图,确定哪些是终端能源,哪些是中间能源。例如,以 2010 年为例,国内消费了煤炭 22.14 亿 t 标准煤(图 6-2),但是在终端多以洗煤和电力出现,同样,原油也会加工成成品油。其次,不是所有的能源品种都会被燃烧掉,例如,润滑油、溶剂油、石油沥青等,不燃烧的就不需要统计。

二、中国分行业经济增长趋势

从行业增加值来看,工业和其他(服务业)占比较高。剔除居民生活行业以后,剩余 6 个行业中工业和其他创造的 GDP 比较高(图 6-3)。其他是指除交通运输、仓储和邮政业,批发和零售业、住宿和餐饮业以外的服务行业,主要包括金融、教育、医疗、文化、旅游等。近年来,其他行业的 GDP 在数量上超过了工业。

图 6-2 2010 年我国能源流量图(单位:亿 t 标准煤)

(注:不包括生物质能的传统利用;其他能包括风能、生物质能、太阳能、地热能等)

图 6-3 分行业 GDP 发展趋势

(注:2005 年不变价)

从占比来看,农林牧渔业和工业的占比在下降,而其他行业在上升。农林牧渔业和工业的 GDP 总和占比从 1994 年的 60% 左右下降到 2019 年的 40% 左右,建筑业则比较稳定,一直保持在 6% 左右,近年来略有上升,但变化不大(图 6-4)。其他服务业占比上升较多。

改革开放以来,中国的工业化建设取得了较大进展。第一,工业体系更加健全。中国是全世界唯一拥有联合国产业分类中全部工业门类的国家。第二,工业规模进一步扩大。2022 年全部工业增加值突破 40 万亿元,占 GDP 的比重为 33.2%,其中,制造业规模连续 13 年居世界首位。第三,产业结构持续优化。2022 年高技术制造业占规模以上工业增加值的比重为 15.5%;装备制造业占规模以上工业增加值的比重为 31.8%;新能源汽车、光伏产量连续多年保持世界第一;传统产业改造升级加快,数字化、绿色化转型成效明显,培育了 45 个国家先进

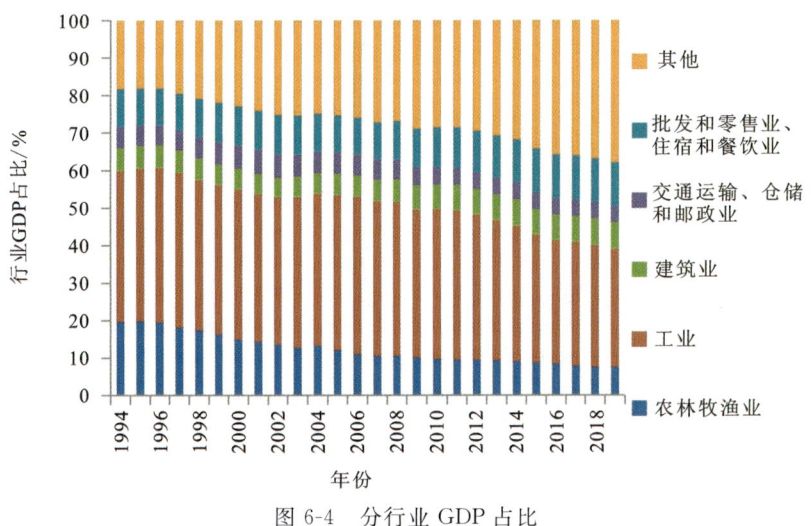

图 6-4　分行业 GDP 占比

制造业集群。第四,数字经济加快发展。我国移动通信实现了跨越式发展,建成了全球规模最大、技术领先的移动通信网络。

中国分行业经济增长受到进出口贸易的影响。从高耗能商品的进口来看,有升有降,总体保持稳定。增加的商品类别主要是纸浆和未锻轧的铜及铜合金,下降的商品类别主要是钢材,其他商品类别变化不大(图 6-5)。

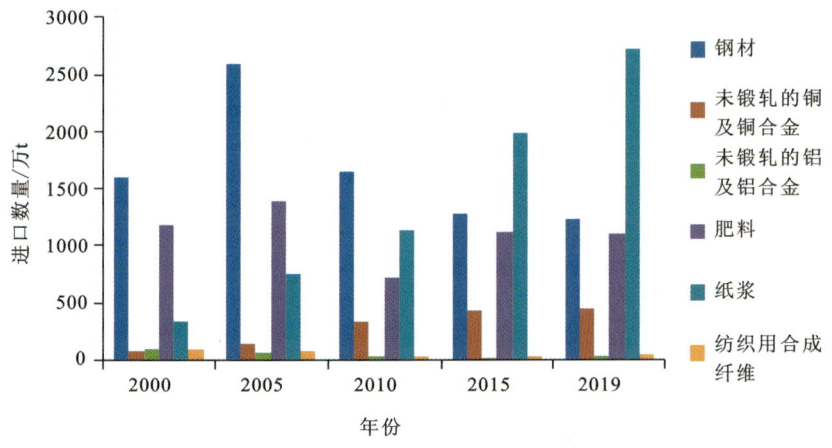

图 6-5　我国高耗能商品进口量

高耗能商品的出口经历过快速增长,但是近年来处于下降趋势。2001 年中国加入世界贸易组织以后,中国成为世界加工厂,高耗能商品出口快速增加。但是,自从 2006 年国家调整"两高一资"产品出口政策以后[①],水泥、平板玻璃的出口量都受到抑制,近年来钢材的出口量也开始下降(图 6-6)。

---

① 2006 年,《财政部　发展改革委　商务部　海关总署　国家税务总局关于调整部分商品出口退税率和增补加工贸易禁止类商品目录的通知》(财税〔2006〕139 号)发布,调整了部分商品出口退税率。这次调整将重点转向限制"两高一资"产品出口,充分体现了国家"进一步优化产业结构"的政策取向和调控目标。

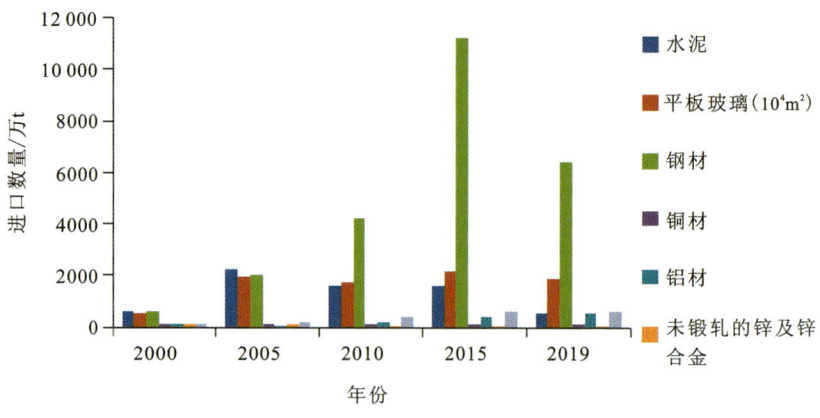

图 6-6 我国高耗能商品出口量

三、中国分行业碳排放趋势

按照终端用能行业分析碳排放趋势,涉及中间转换环节的电力和热力的处理问题。与第一篇第三章外国碳达峰的经验分析中的部门划分不同,本项研究是将电力和热力生产环节的碳排放分摊到终端用能部门。

(一)碳排放的核算方法

根据第四章式(4-1),第 i 个部门第 t 期的碳排放量取决于该部门的能源消费量、能源的碳排放因子、氧化的比例等。

CO_2 排放量既取决于化石能源消费量,也取决于化石能源内部结构。通过各种能源碳排放系数可以比较不同化石能源的碳密集度差别,其中煤炭最高,石油次之,天然气最低(见第四章表4-3)。

电力和热力等二次能源需要追溯至一次能源计算碳排放量。电力碳排放量的计算方法如下:

电力 CO_2 排放量 =[电力值 ×(1+线路损失率)]×火电比例×6000kW 及以上电厂供电标准煤耗/原煤折标准煤系数×原煤 CO_2 排放系数 (6-1)

热力碳排放量的计算方法如下:

热力 CO_2 排放量 =(热力值/电厂热效率/电厂供热效率)×6000kW 及以上电厂供热标准煤耗/原煤折标准煤系数×原煤 CO_2 排放系数 (6-2)

式(6-1)和式(6-2)中的参数值采用全国平均水平。根据不同行业中不同种类的终端能源消费量以及相应的碳排放系数,就可以计算不同行业的碳排放量了。

(二)分行业碳排放历史趋势

分行业来看,工业碳排放量最大,远远高于其他部门(图6-7)。从2000年开始,工业碳排放量快速增长,到2013年达到峰值。此后,工业碳排放量略有下降,但是,从2017年开始,工业碳排放量出现了反弹。

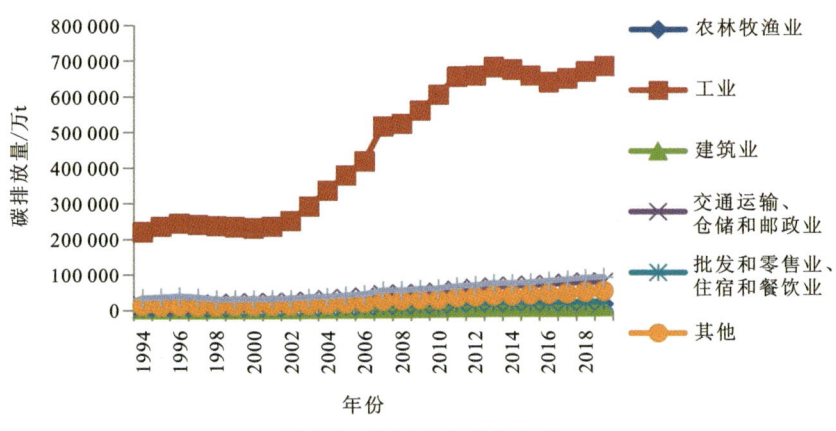

图 6-7 不同行业碳排放量

从行业占比来看,工业碳排放量占比最高。农林牧渔业碳排放量占比较低,近年来还有所下降;工业碳排放量占比近年来虽然略有下降,但是仍占 70% 左右;建筑业碳排放量占比最低,并且似乎没有明显变化;交通运输、仓储和邮政业碳排放量占比近年有所上升;居民生活碳排放量占比经历了先下降后上升的过程(图 6-8)。结合图 6-4 和图 6-8,工业创造的 GDP 只占到约 30%,但是排放的二氧化碳占到 70% 左右。

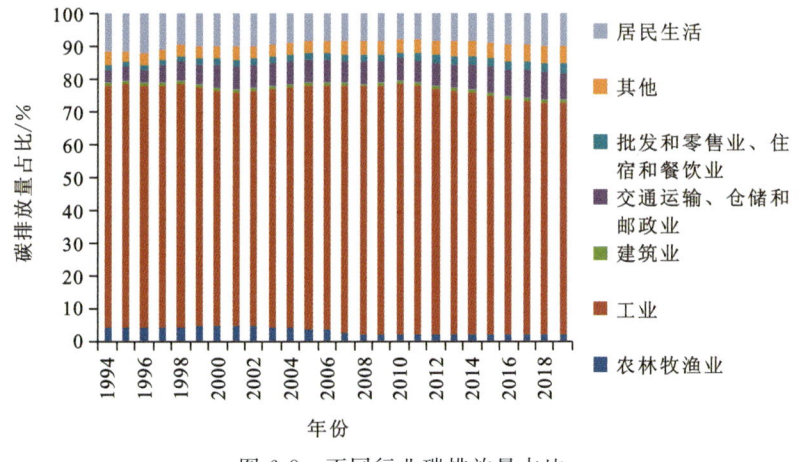

图 6-8 不同行业碳排放量占比

在工业部门内部,制造业碳排放量最大。从图 6-7 中可以看出,工业最高时合计排放了近 70 亿 t 二氧化碳,其中制造业排放了 60 亿 t 左右(图 6-9)。

从占比来看,在工业内部,制造业一家独大,占比达 80% 以上,并且没有明显下降的趋势(图 6-10)。

在制造业众多部门中,存在着几家高耗能部门。黑色金属冶炼和压延加工业最高峰时排放了近 20 亿 t 二氧化碳,其次是化学原料和化学制品制造业,非金属矿物制品业,有色金属冶炼和压延加工业,石油、煤炭及其他燃料加工业(图 6-11)。

图 6-9 工业内部不同部门的碳排放量

图 6-10 工业内部不同部门的碳排放量占比

图 6-11 制造业高耗能部门碳排放量

从占比来看,五大高耗能行业在制造业中的占比较高。近年来,五大高耗能行业在制造业中的占比合计达70%,而且存在着进一步上升的趋势(图6-12)。

图6-12 制造业高耗能部门碳排放量占比

最后,将不同行业的终端能源消费的碳排放量加总数据与第一篇第四章的国家层面的数据进行比较,判断两者的接近程度。通过将行业数据加总这种自下而上的方法得到的碳排放量与国家层面的数据进行比较,发现两者非常接近(图6-13)。在初始阶段,两者重合度高;21世纪以来,行业加总数据略低于国家层面数据;但是,近年来,行业加总数据又再次趋近国家层面数据。2019年,根据国家层面数据计算得到的碳排放量为100.4亿t,根据行业加总数据计算得到的碳排放量为96.9亿t,两者相差3.5亿t,相差约3.5%。两者相差的部分主要是能源损失量。

图6-13 分行业加总碳排放量与国家层面数据的比较

四、中国分行业低碳经济增长趋势

从各行业低碳经济发展趋势来看,其有一定的阶段性特点。"九五"规划期间,GDP增长率与碳强度下降率比较接近,工业的差距较小,但是,进入"十五"规划以后,GDP增长率与碳强度下降率之间的差距开始变大,特别是工业,工业的差距迅速拉大,这一现象被称为"重化工趋势";进入"十一五"规划以后,国家对能耗强度的下降率提出要求;进入"十二五"以后,国家对碳强度下降率也提出了要求,GDP增长率与碳强度下降率之间的差距又开始缩小(图6-14)。

图 6-14 分行业 GDP 增长率与碳强度下降率的比较

(注:图中蓝线表示 GDP 增长率,红线表示碳强度下降率)

五、中国分行业低碳经济发展趋势的因素分解

本节将深入各行业内部,研究不同行业的碳排放的影响因素。除了居民生活用能及其他行业用能以外,将考察农林牧渔业,工业,建筑业,交通运输、仓储和邮政业,批发和零售业、住宿和餐饮业五大行业的用能情况。

(一)分解模型

根据第二章式(2-7),得到 KAYA 恒等式的扩展:

$$CE = \frac{CE}{E} \times \frac{E}{GDP} \times GDP$$

式中:CE/E 表示能耗的碳密集度,E/GDP 表示 GDP 的能耗强度。碳排放量由 GDP、能耗强度和能源结构共同决定。

对于分行业终端能源消费碳排放,上述扩展式可以调整为:

$$\text{CE}^t = \sum_i \sum_j \text{CE}^t_{ij} = \sum_i \sum_j \frac{\text{CE}^t_{ij}}{E^t_{ij}} \times \frac{E^t_{ij}}{E^t_i} \times \frac{E^t_i}{\text{GDP}^t_i} \times \frac{\text{GDP}^t_i}{\text{GDP}^t} \times \text{GDP}^t \quad (6\text{-}3)$$
$$= \sum_i \sum_j \text{CI}^t_{ij} \times S^t_{ij} \times \text{EI}^t_i \times \text{ES}^t_i \times \text{GDP}^t$$

式(6-3)中：$\frac{\text{GDP}^t_i}{\text{GDP}^t} \times \text{GDP}^t$ 表示不同行业的经济产出；$\frac{\text{CE}^t_{ij}}{E^t_{ij}}$ 表示能源的碳排放系数。假设煤、焦炭、煤气、石油产品和天然气的 CO_2 排放系数是常数，可知本章中能耗碳排放强度效应对 CO_2 排放量的影响主要来源于电力和热力的 CO_2 排放系数的变化。电力和热力的 CO_2 排放系数一直在改变，因为用于发电的技术和效率在变化。变量的定义见表6-1。

表6-1 分行业 KAYA 扩展式的变量定义

变量	含义	变量	含义
CE	二氧化碳排放量	GDP	行业增加值
i	不同行业部门	CI	能耗碳排放强度
j	不同能源	S	能源消费结构
t	不同年份	EI	能耗强度
E	能源消费量	ES	产业结构

CO_2 排放量从基期0到第 t 期的变化量 ΔCE 可以表示为：

$$\Delta \text{CE} = \text{CE}^t - \text{CE}^0 = \text{CI}_{\text{effect}} + S_{\text{effect}} + \text{EI}_{\text{effect}} + \text{ES}_{\text{effect}} + \text{GDP}_{\text{effect}} \quad (6\text{-}4)$$

式(6-4)中：$\text{CI}_{\text{effect}}$ 表示能耗碳排放强度对 CO_2 排放量的影响；S_{effect} 表示能源结构的影响；$\text{EI}_{\text{effect}}$ 表示能耗强度的影响；$\text{ES}_{\text{effect}}$ 表示产业结构的影响；$\text{GDP}_{\text{effect}}$ 表示经济产出的影响。

由于 LMDI 方法可以对所有因素进行无残差分解，结果不包括不能解释的残差项（Ang，1998），在现有的文献中应用较多，本项研究将采用 LMDI 方法。式(6-4)中各类影响因素分解的公式如下：

$$\text{CI}_{\text{effect}} = L(\text{CE}^t, \text{CE}^0) \ln(\text{CI}^t / \text{CI}^0) \quad (6\text{-}5)$$
$$S_{\text{effect}} = L(\text{CE}^t, \text{CE}^0) \ln(S^t / S^0) \quad (6\text{-}6)$$
$$\text{EI}_{\text{effect}} = L(\text{EI}^t, \text{CE}^0) \ln(EI^t / S^0) \quad (6\text{-}7)$$
$$\text{ES}_{\text{effect}} = L(\text{CE}^t, \text{CE}^0) \ln(\text{ES}^t / \text{ES}^0) \quad (6\text{-}8)$$
$$\text{GDP}_{\text{effect}} = L(\text{CE}^t, \text{CE}^0) \ln(\text{GDP}^t / \text{GDP}^0) \quad (6\text{-}9)$$

其中，$L(x,y) = (x-y)/\ln(x/y)$。

（二）数据来源

本部分主要测算1994年以来各行业消耗的煤、焦炭、煤气、石油产品、天然气、热力和电力等终端能源所产生的 CO_2 排放量。各行业终端能源的消耗量来源于历年《中国能源统计年鉴》，GDP 数据由历年《中国统计年鉴》整理得来。

值得注意的是，《中国统计年鉴》中的行业分类和《中国能源统计年鉴》中的行业分类不完全相同（表6-2）。《中国统计年鉴》中行业分为9类，而《中国能源统计年鉴》中行业分为7类，并且将"批发和零售业"与"住宿和餐饮业"合并。从这两种统计年鉴中可以得到完整经济和能源消费数据的有5个行业：农林牧渔业，工业，建筑业，交通运输、仓储和邮政业，批发和零售业、住宿和餐饮业。这些都是生产性行业，这五个行业的碳排放量占全部碳排放量的绝大部分。

表 6-2　行业分类对比

《中国统计年鉴》中行业分类	《中国能源统计年鉴》中行业分类
农林牧渔业	农、林、牧、渔业
工业	工业
建筑业	建筑业
批发和零售业	交通运输、仓储和邮政业
交通运输、仓储和邮政业	批发和零售业、住宿和餐饮业
住宿和餐饮业	其他
金融业	居民生活
房地产业	
其他	

在式(6-3)中，GDP的数据仍然使用第四章表4-1中的2005年不变价，行业占比根据《中国统计年鉴》中相关数据计算得到(图6-4)。农林牧渔业的占比在下降，符合经济发展规律。近年来工业的占比也在下降。

从行业能源消费来看，工业占比略有下降，但是仍然一家独大。例如，1995年所有行业消费能源共13.12亿t，其中工业消费9.62亿t，占73.3%；2019年所有行业共消费能源48.75亿t，其中工业消费32.25亿t，占66.2%(图6-15)。交通运输、仓储和邮政业以及居民生活两个部门占比都有所上升。

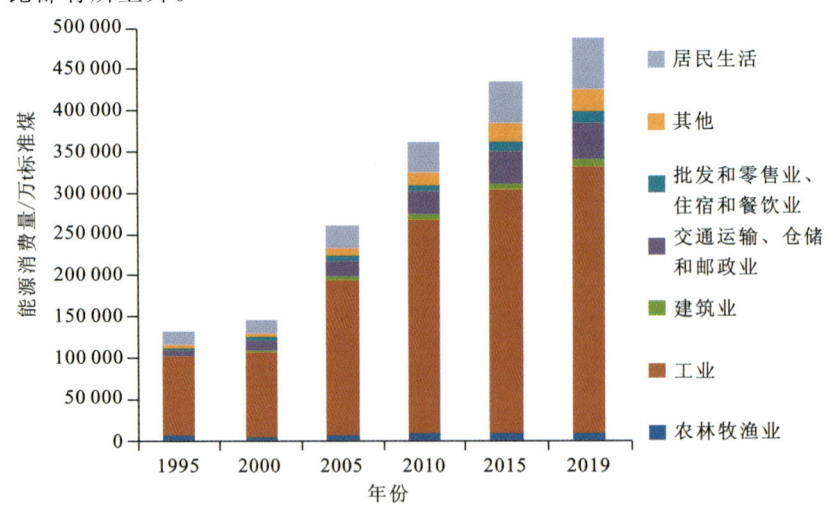

图 6-15　分行业终端能源消费量

第七章　中国未来低碳经济增长的行业性路径

在一国内部，三次产业的演变具有一般规律性。从历史进程来看，第一、第二、第三产业的发展速度呈现依次递增的趋势，在国民收入中的占比依次增大。在工业化初期，第一产业的产值和劳动力的占比不断下降，劳动力数量绝对减少，劳动力大部分转移到第二产业；随着工业化的继续发展，第一产业的产值和劳动力的占比继续下降，减少的劳动力一部分流向第二产业，一部分流向第三产业，第二产业的占比由上升转为稳定增长，第三产业的占比快速上升；在工业化后期，第一产业的产值和劳动力占比继续下降或稳定，第二产业呈稳定或稳定增长局面，第三产业的劳动力及产值占比继续提高。

中国目前处于工业化中后期阶段，第二产业的占比稳中有降，但是绝对规模还在扩大。中国要在2030年前实现碳达峰，就需要政府进行干预，控制传统制造业的产能规模，促使第二产业能够率先达峰。

一、建设现代产业体系

推动产业体系优化升级。坚守实体经济特别是制造业，巩固完整产业体系优势，保持制造业占国内生产总值比重基本稳定，避免经济"脱实向虚"。加快改造升级传统产业，大力推进企业设备更新和技术改造，推动钢铁等重点行业加快兼并重组，提高产业集中度，提升传统产业在全球分工中的地位和竞争力。巩固优势产业领先地位，增强新能源汽车、光伏、移动通信、电力装备等领域全产业链优势，打造更多中国制造名片。培育壮大新兴产业，聚焦新一代信息技术、新能源、新材料等重点领域，加强技术攻关和成果转化，构建一批新的增长引擎。大力发展生产性服务业，推进先进制造业和现代服务业深度融合。

坚持将经济发展着力点放在实体经济上，加快制造强国建设，促进先进制造业和现代服务业深度融合。坚持自主可控、安全高效，推进产业基础高级化、产业链现代化，保持制造业占比基本稳定，增强制造业竞争优势，推动制造业高质量发展。

着眼于抢占未来产业发展先机，培育先导性和支柱性产业，推动战略性新兴产业融合化、集群化、生态化发展。聚焦新一代信息技术、生物技术、新能源、新材料、高端装备、新能源汽车、绿色环保以及航空航天、海洋装备等战略性新兴产业，加快关键核心技术创新应用，增强要素保障能力，培育壮大产业发展新动能。

聚焦产业转型升级和居民消费升级需要，扩大服务业有效供给，提高服务效率和服务品质，构建优质高效、结构优化、竞争力强的服务产业新体系。以服务制造业高质量发展为导向，推动生产性服务业向专业化和价值链高端延伸。聚焦提高产业创新力，加快发展研发设计、工业设计、商务咨询、检验检测认证等服务。聚焦提高要素配置效率,推动供应链金融、信息数据、人力资源等服务创新发展。

二、中国未来三次产业的经济增长速度

未来一段时期,中国不仅经济规模显著扩大,而且产业结构也将发生明显变化。这是因为三次产业增加值的增长速度不同,经长期积累从量变到质变(表7-1),第一产业和第二产业的GDP增长速度都要慢于全国平均水平,而第三产业的GDP增长速度要快于全国平均水平。

表7-1 未来一段时期中国三次产业的GDP增长速度　　　　　　　　单位:%

年份	GDP增速	第一产业增加值占比	第一产业GDP增速	第二产业增加值占比	第二产业GDP增速	第三产业增加值占比	第三产业GDP增速
2022	5.40	7.21	4.06	39.13	4.66	53.67	6.13
2023	5.30	7.11	3.94	38.85	4.56	54.04	6.02
2024	5.20	7.02	3.83	38.58	4.46	54.40	5.92
2025	5.10	6.93	3.71	38.30	4.35	54.77	5.81
2026	5.00	6.84	3.59	38.03	4.25	55.14	5.71
2027	4.90	6.74	3.48	37.75	4.14	55.51	5.60
2028	4.80	6.65	3.36	37.48	4.04	55.87	5.49
2029	4.70	6.56	3.24	37.20	3.93	56.24	5.39
2030	4.60	6.46	3.12	36.93	3.83	56.61	5.28
2031	4.50	6.37	3.00	36.65	3.72	56.98	5.18
2032	4.40	6.28	2.88	36.38	3.62	57.35	5.07
2033	4.30	6.19	2.76	36.10	3.51	57.71	4.97
2034	4.20	6.09	2.64	35.83	3.41	58.08	4.86
2035	4.10	6.00	2.51	35.50	3.16	58.50	4.85

注:根据《2021年国民经济和社会发展统计公报》,2021年中国第一、第二、第三产业的占比分别为7.3%、39.4%和53.3%。

按照表7-1中不同产业经济增长速度的预测,以不变价计算,2035年GDP将比2020年翻一番,完成基本实现现代化的GDP目标(图7-1)。

在各个产业内部也存在结构演变规律。在第一产业内部,种植业的占比会逐步下降,林业、牧业和渔业的占比会逐步上升,其中,畜牧业的占比提高最快。在经济发达国家,畜牧业一般约占整个第一产业总产值的一半甚至更高。在第二产业内部,通常经历工业结构的轻工业化、重工业化、高加工度化、知识技术集约化。中国正处在从高加工度化向知识技术集约化转变的阶段,一方面,控制传统制造业的产能扩张;另一方面,加快先进制造业的发展。在第

图 7-1 中国三次产业未来 GDP 预测

（注：2005 年不变价。）

三产业内部，最初由商贸餐饮等传统服务业带动，随着国家加大对基础设施的投入，交通运输、仓储、邮电通信等服务业增加值在不断上升。随着经济的进一步发展，商贸餐饮服务业增速放缓，在服务业中的占比下降，生产性服务业以及提高国民素质和文化生活水平的服务业增速加快，例如，金融、教育、医疗、文化、旅游等在服务业中的占比迅速提高。

三、中国未来分行业能耗和碳排放的趋势

根据能源终端消费的七大行业未来能耗和碳排放趋势，可以预测全国的碳排放趋势。在"十四五"规划期间，全国能耗强度累计下降目标是 13.5%（换算成年度下降率是 2.7%），碳强度累计下降目标是 18%（换算成年度下降率是 3.6%）。农林牧渔业碳排放的大部分来自土地利用变化和农场生产。对于该类，食物类型是影响碳排放的最重要因素，例如，从牛肉中生产 100g 蛋白质的碳排放量是从豆类中生产相同数量的蛋白质的 10 倍以上。随着经济的发展，我国畜牧业在第一产业中的占比会上升，碳排放会略有增长。工业是碳排放的主要来源，政府已经制定了"十四五"时期炼油、乙烯、对二甲苯、现代煤化工、合成氨、电石、烧碱、纯碱、磷铵、黄磷、水泥、平板玻璃、建筑和卫生陶瓷、钢铁、焦化、铁合金、有色金属共 17 个行业的节能降碳改造升级实施指南，这些措施将降低制造业的能耗增长率（表 7-2）。

表 7-2 我国各行业能耗和碳排放未来发展假设 单位：%

项目	"十四五"	"十五五"	"十六五"
农林牧渔业能耗年增长率	2.0	1.5	1.0
农林牧渔业能耗强度年下降率	1.0	1.0	1.0
农林牧渔业单位 GDP 碳强度年下降率	2.0	2.0	2.0
工业能耗年增长率	1.5	1.0	0.5
工业能耗强度年下降率	3.0	3.0	3.0

续表 7-2

项目	"十四五"	"十五五"	"十六五"
工业单位 GDP 碳强度年下降率	4.0	4.0	4.0
建筑业能耗年增长率	5.0	4.0	3.0
建筑业能耗强度年下降率	2.5	2.5	2.5
建筑业单位 GDP 碳强度年下降率	4.0	4.0	4.0
交通运输、仓储及邮政业能耗年增长率	3.0	2.5	2.0
交通运输、仓储及邮政业能耗强度年下降率	2.5	2.5	2.5
交通运输、仓储及邮政业单位 GDP 碳强度年下降率	4.0	4.0	4.0
批发和零售业、住宿和餐饮业能耗年增长率	4.0	4.0	3.0
批发和零售业、住宿和餐饮业能耗强度年下降率	2.0	2.0	2.0
批发和零售业、住宿和餐饮业单位 GDP 碳强度年下降率	4.0	4.0	4.0
其他行业能耗年增长率	5.0	4.0	3.0
其他行业能源碳密集度年下降率	3.0	3.0	3.0
生活消费能耗年增长率	6.0	5.0	4.0
生活消费能源碳密集度年下降率	3.0	3.0	3.0

注：由于缺少 GDP 数值，其他服务业和生活消费的能耗强度和碳强度下降率无法计算，但可以根据能耗年增长率和能源碳密集度下降率计算碳排放。

中国的经济结构正在转型，对基础设施建设的投资也在下降。随着低碳技术的成熟和推广，例如，节能建筑的占比和电动汽车的渗透率越来越高，未来建筑业和交通部门的能耗年增长率也会趋于下降。其他行业依次类推。

减少碳排放的力量通常都非常稳定。从第一篇第三章国外碳达峰国家的经验来看，在碳达峰前，增加碳排放的力量通常呈下降趋势，但是减少碳排放的力量则表现得比较稳定。

四、中国未来碳排放趋势

根据前面所做的假设，可以预测我国未来各行业的碳排放量。如图 7-2 所示，我国的碳排放总量将在 2028 年达峰，工业碳排放量将在 2026 年达峰，比全国碳达峰早了 2 年。我国碳达峰主要受工业碳达峰的影响，因为工业是碳排放最大的行业。除工业外，其他行业在 2030 年前都没有达峰。全国碳达峰的峰值水平是 103.9 亿 t，比 2020 年增加了 5.5%。

由于除工业以外的各行业在图 7-2 中展示效果不清晰，另作图 7-3。从图 7-3 可以看出，除工业以外的六大行业未来碳排放将延续过去的发展趋势，碳排放都有增加。居民生活是除工业以外的最大碳排放行业，其次是交通运输、仓储及邮政业，之后是其他行业。但是因为我国实施的是全行业碳减排政策，这些行业的碳排放在未来增加的幅度会比较平缓。

图 7-2　我国未来分行业碳排放量及总量达峰预测

（注：2020年全国能源消费增长3.2%，假设工业增长3%，其他行业与"十四五"期间相同）

图 7-3　我国未来除工业外各行业碳排放量预测

五、进一步的讨论

中国碳达峰目标实现的关键是工业。第二产业的 GDP 增长速度略低于全国 GDP 增长速度，且在第二产业碳强度下降率略高于全国碳强度下降率水平的条件下，中国能够实现2030年前碳达峰、2035年 GDP 翻一番的目标。

推进新型工业化，是实现中国式现代化的必然要求，是全面建成社会主义现代化强国的根本支撑,是构建大国竞争优势的迫切需要,是实现经济高质量发展的战略选择。第一,促进工业经济稳定增长。稳住重点行业,发挥重点地区作用。第二,加快建设现代化产业体系。改造升级传统产业,巩固发展优势产业,培育壮大新兴产业,前瞻布局未来产业。第三,提升产业链供应韧性和安全水平。着力补短板、锻长板、强基础,提升重点产业链供应链自主可控能力,促进全产业链发展。第四,健全产业科技创新体系。融通科技、产业、金融、创新之间的关系,加强关键核心技术的攻关,全面激发企业创新活力,建设一批制造业创新中心,培育一批先进制造业集群,促进创新链、产业链、资金链、人才链的深度融合。第五,推动产业高端化、智能化、绿色化发展,加强质量品牌建设,深入实施智能制造工程,加快新型信息基础设施建设和应用,推动工业绿色低碳发展。第六,全面提升企业竞争力。支持龙头企业做强做优,培育更多专精特新中小企业,构建大中小企业融通发展的良好生态。

优化产业结构,积极推动产业转型升级。一是持续巩固去产能成果,淘汰落后产能,包括钢铁、水泥、玻璃等行业;二是提升产业竞争力,引导传统行业采用先进适用技术工艺,围绕新一代信息技术、高端装备、新材料等领域,支持先进制造业集群不断提升发展质量和水平;三是坚决遏制高耗能高排放低水平项目盲目发展,稳妥有序调控部分高耗能高排放产品出口。

最后,本章探讨了我国在行业层面上在2030年前实现碳达峰的可行路径。需要指出的是,这只是一条可行的路径,并不是唯一的路径。另外,这条路径只是在当前条件下的设想,随着形势的变化,后期可以进行相应的调整。

第三篇

中国低碳经济增长的地区性路径研究

第八章　中国分地区低碳经济增长的历史路径

中国在 2035 年基本实现社会主义现代化和在 2030 年前实现碳排放达峰目标离不开地方的行动。中国幅员辽阔,不同地区经济发展水平和资源禀赋不同,产业结构和国家所确定的区域发展定位也不一样。实现经济增长是不同地区共同的目标和导向,但破解碳排放约束的时间、路径、措施应该有所差异,不能采取"一刀切"的方式。这需要根据不同地区的特征,构建不同地区经济增长和碳达峰的时间表、路线图和优先序。

一、中国不同地区的分类

按照地理区位和经济发展水平,我国(除港、澳、台地区)可以划分为四大区域,这四大区域分别是东部、中部、西部和东北三省(表 8-1)。东部地区包括北京、天津、河北、上海、江苏、浙江、福建、山东、广东、海南 10 个省(直辖市)。东部地区背负大陆,面临海洋,地势平缓,有良好的农业生产条件,水产品、石油、铁矿、盐等资源丰富。这一地区由于开发历史悠久,地理位置优越,劳动者的文化素质较高,技术力量较强,工农业基础雄厚,在整个经济发展中起着龙头作用。

表 8-1　我国区域分类

区域	省(自治区、直辖市)
东部	北京、天津、河北、上海、江苏、浙江、福建、山东、广东、海南
中部	山西、安徽、江西、河南、湖北、湖南
西部	内蒙古、广西、重庆、四川、贵州、云南、西藏、陕西、甘肃、青海、宁夏、新疆
东北三省	辽宁、吉林、黑龙江

中部地区包括山西、安徽、江西、河南、湖北、湖南 6 个省。中部地区位于内陆,北有高原,南有丘陵、众多平原分布其中,属粮食生产基地。能源和各种金属、非金属矿产资源丰富,重工业基础较好,地理上承东启西,连接南北。

西部地区包括内蒙古、广西、重庆、四川、贵州、云南、西藏、陕西、甘肃、青海、宁夏、新疆 12 个省(自治区、直辖市)。西部地区地域辽阔,地势较高,地形复杂,高原、盆地、沙漠、草原相间,大部分地区高寒、缺水,不利于农作物生长。因开发历史较晚,经济发展与技术管理水平与东部、中部差距较大,但国土面积大,矿产资源丰富,具有很大的开发潜力。

东北三省又称东三省,包括辽宁、吉林和黑龙江。东北三省部分地区纬度较高,冬季寒冷漫长。地形以平原、山地为主,地域辽阔、土地肥沃,为农林牧渔业的发展提供了得天独厚的条件,是国家的重要粮食生产基地。东北三省物质富饶,是我国重要的能源、矿产生产基地。东北三省经济起步较早,被誉为新中国的"工业摇篮",为新中国的发展壮大做出过历史性的贡献。东北三省是我国对东北亚地区开放的窗口。

除特别说明外,本项研究的数据来自国家统计局的《中国统计年鉴》和《中国能源统计年鉴》。《中国能源统计年鉴》内的"地区能源平衡表"栏目有不同省份的实物量的能源平衡表(缺西藏),并按照"可供本地区消费的能源量""加工转换投入产出量""终端消费量"等的顺序编排。能源的种类众多,包括原煤、洗精煤、焦炭、原油、汽油、煤油、柴油、燃料油、液化石油气、天然气、液化天然气、热力、电力等。由于与能源活动相关的二氧化碳的排放来自烧热过程,只计算燃料燃烧产生的二氧化碳排放,即燃料在加工转换环节的燃烧,加上终端消费量,再减去终端消费中用作原料、材料的部分。

二、中国分地区经济增长趋势

我国不同区域经济发展水平不平衡。东、中、西部三大经济带在经济发展水平上由东向西呈现递减阶梯状态。东部最早实行对外开放政策,经济发展水平最高。2019年东部地区常住人口约占全国的40%,而GDP占全国的51.9%。中部和西部地区经济发展比东部地区落后,并且两个地区人口和经济规模非常接近。2019年,中部和西部地区常住人口数量分别占全国的26%和27%,而GDP分别占全国的22.2%和20.8%。东北三省经济发展落后于全国平均水平。2019年东北三省常住人口占全国的约7%,而GDP约占全国的5.1%。从发展趋势看,2000年东部、中部、西部与东北三省地区GDP占全国的比重分别是53.4%、19.2%、17.5%与9.9%。在2000—2019年这19年间,东部地区GDP占比有所下降,但经济总量占全国一半以上的局面没有改变,中部与西部的占比略有上升,东北三省占比下滑幅度较大(图8-1)。

图8-1 中国分地区GDP增长趋势
(注:当年价)

我国四大区域内部不同省份的发展也是不平衡的。在东部地区,广东、江苏、浙江、北京与上海的经济增长势头强劲,而河北、天津、山东等增长相对乏力(图8-2)。2020年,广东和江苏两省的GDP数量都达到了10万亿元的规模,都达到了全国10%的水平。近年来,山东省的经济增长有下滑趋势,与广东和江苏的距离被拉大。浙江、福建、北京和上海的经济保持增长势头;河北和海南经济增长势头平缓,而天津的经济增长出现了下滑趋势[①]。

图 8-2　中国东部地区分省份 GDP 增长趋势

(注:当年价)

在中部地区,河南、湖北、湖南、安徽和江西的发展势头较好,而山西的经济增长势头出现了放缓的趋势(图 8-3)。这显示了资源能源行业占比较大的省份在经过一段时间的高速发展后,进入了需要积极面对经济结构转型升级的阶段。2019 年底,新冠疫情暴发,湖北经济增长受到了较大的不利影响,2020 年出现了负增长。

图 8-3　中国中部地区分省份 GDP 增长趋势

(注:当年价)

在西部地区,受到丝绸之路经济带和长江经济带建设的影响,一些省份近年来经济增长较快。总体来看,西南的经济发展比西北略好。自 2011 年开始,西南地区的经济增长速度明

---

① 天津的 GDP 下降是主动挤水分的结果。2018 年 1 月 11 日,天津滨海新区传出消息,将把滨海新区 2016 年的 GDP 从万亿元下调至 6654 亿元。

省和西部的碳排放量占比超过了这些地区的经济总量占比；东部地区的碳排放量占比低于其经济总量占比；中部地区碳排放量占比和经济总量占比都在20%左右，处在全国平均水平。

第一，东部地区内部碳排放呈两极分化趋势。从图8-8可以看出，从2005年以后，山东省碳排放量最大，2011年达到8亿t，此后有所下降，2013年又恢复到8亿t，2018年超过9亿t。山东往下是河北和江苏。这两个省近年来碳排放量非常接近，超过7亿t。山东、河北和江苏是东部地区拥有较为丰富煤炭资源的省份，碳排放量也较多。河北和山东往下是广东和浙江。广东是我国经济总量排名第一的省份，但是碳排放量占比要远远低于经济总量的占比。与山东、河北、江苏、广东和浙江相比，东部地区另5个省份碳排放量的增幅较小，其中海南在缓慢增长，而北京、天津和上海已经实现了碳达峰。

图8-8　东部各省份碳排放变化趋势

第二，与东部地区增长两极化趋势不同，中部地区6省份在2000年以后都经历了碳排放的大幅增长。近年来，碳排放量增长较快的省份是山西、安徽和江西（图8-9）。山西、河南和安徽也拥有丰富的煤炭资源。从目前的状况来看，河南和湖北在2011年实现了碳达峰。湖南省碳排放增长势头比较平缓。

图8-9　中部各省份碳排放变化趋势

第三,西部地区不同省份的碳排放量呈现分化趋势(图8-10)。整体而言,西部地区经济欠发达,但能源资源较为丰富。内蒙古和新疆呈现快速增长的势头,其他省份则较为平缓。2019年内蒙古的碳排放量达到6.5亿t,仅次于山东、江苏和河北,排在全国第四位。按照目前的形势,四川、陕西和重庆已经实现了碳达峰。

图8-10 西部各省份碳排放量变化趋势

(注:1995年和1996年的四川省数据包括重庆市;缺少西藏数据)

第四,东北三省的碳排放量变化趋势也有差别。辽宁省的碳排放量最大,吉林省的碳排放量最小,并且已经实现了达峰(图8-11)。从2012年起,辽宁和吉林都经历了碳排放量的下降,但是辽宁近年来又反弹到2012年的高点,而吉林的反弹趋势不明显。黑龙江的碳排放呈现平稳增长趋势。

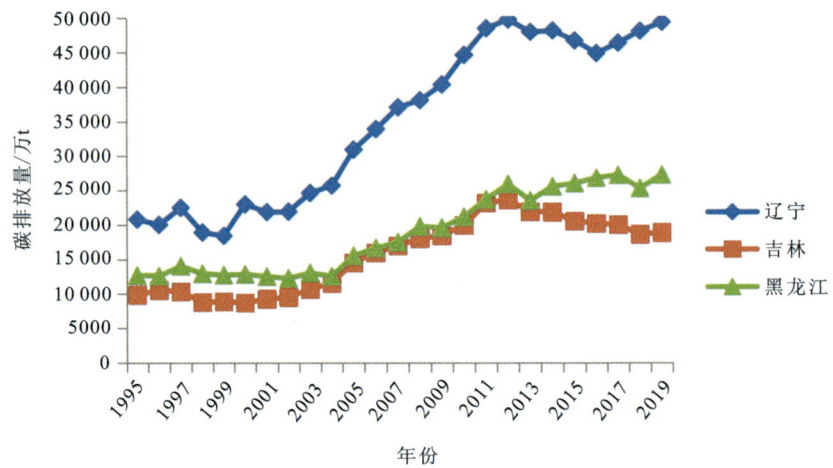

图8-11 东北三省各省份碳排放变化趋势

（三）不同地区的碳排放量加总与全国数据的比较

为了判断根据不同省份汇总的自下而上的数据的有效性，将其与国家层面的宏观数据进行比较。分省数据汇总略低于国家宏观数据，但是两者非常接近（图 8-12）。2019 年，分省汇总数据的碳排放量是 98.66 亿 t，国家宏观数据的碳排放量是 100.42 亿 t。这主要是没有统计能源损失量，扣除了终端能源消费中的非能源用途以及没有统计润滑油、石蜡、溶剂油等非烧热油品等。

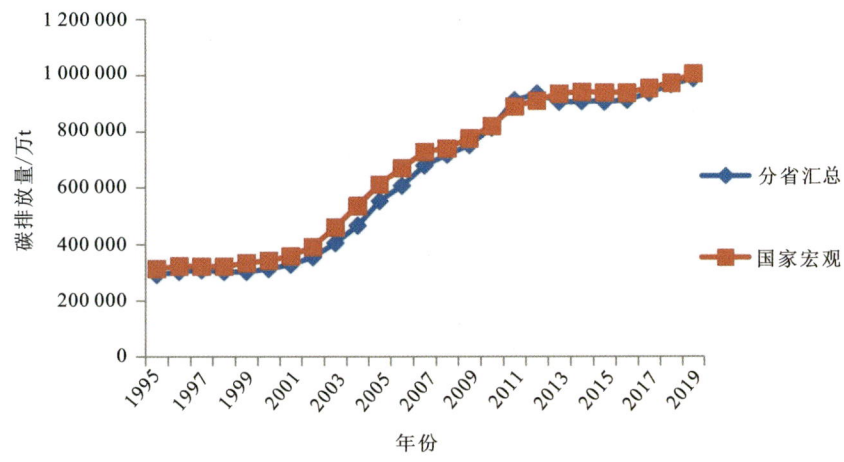

图 8-12　分省汇总碳排放量与国家层面数据的比较

四、中国分地区低碳经济增长趋势[①]

实现低碳经济增长要求在保持经济增长的同时，破解碳排放约束。减少碳排放的因素可以用碳强度表示，而碳强度又可以进一步分解为能耗强度和能源结构两个因素，其中，影响能耗强度的是技术进步和产业结构。一个地区的产业结构通常与城市化进程有关。

为了与前面的研究保持一致，将各个省份的 GDP 数据由当年价转换成 2005 年不变价。转换的方法与第一篇第四章相同。例如，根据北京市的当年价 GDP 计算 2005 年不变价 GDP（图 8-13）。由于目前最新的《中国能源统计年鉴》中数据只更新到 2019 年，本章的数据截止到 2019 年。

（一）东部地区

发展阶段的不同决定了对能源的依赖程度有差别。东部地区经济较为发达，人均 GDP 水平较高。长三角、珠三角和京津冀三大经济圈都在东部地区。2019 年，除了河北和海南 GDP 低于全国平均水平，以及山东与全国平均水平接近以外，其他 7 个省份都高于全国平均水平（表 8-3）。在产业结构方面，北京、上海和天津的第三产业占比也远远超过全国平均水

---

① 由于不同地区、不同省份在自然资源、地理条件、产业结构、能源禀赋等方面存在差别，缺少可比性，本篇不进行各省份碳排放的分解分析。

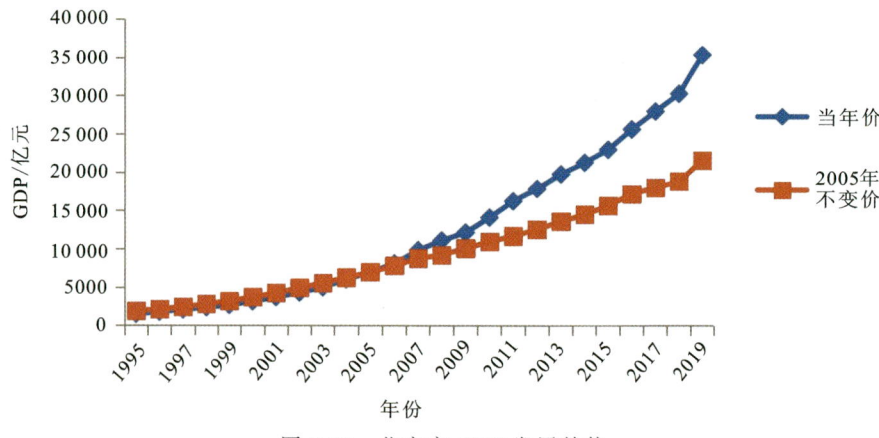

图 8-13 北京市 GDP 发展趋势

平。除了河北和海南,其他省份的城镇人口占比都高于全国平均水平。除了山东、河北和江苏以外,其他省(直辖市)对煤炭的依赖程度不到 50%,其中北京低于 2%,上海低于 25%。

表 8-3 东部地区各省(直辖市)经济社会发展情况(2019 年)

省(直辖市)	人均 GDP /万元	第三产业占比/%	城镇人口占比/%	能耗强度 /(t·万元$^{-1}$)	煤炭在一次能源中的占比/%	人均碳排放量 /t
北京	16.15	83.5	86.60	0.2081	1.77	6.47
天津	10.18	63.5	83.48	0.5843	40.27	11.44
河北	4.62	51.3	57.62	0.9271	69.06	9.77
上海	15.71	72.7	88.30	0.3065	24.48	9.16
江苏	12.35	51.3	70.61	0.3265	62.33	9.39
浙江	10.66	54.0	70.00	0.3591	43.52	7.38
福建	10.77	45.3	66.50	0.3236	49.10	5.89
山东	7.06	53.0	61.51	0.5824	67.05	9.39
广东	9.35	55.5	71.40	0.3171	36.06	5.04
海南	5.62	59.0	59.23	0.4265	35.67	4.62
全国平均	7.08	53.9	60.60	0.4915	57.70	7.05

注:能耗强度按照 2019 年当年价格水平计算,下同。

从经济增长速度和碳强度下降速度的比较来看,经济增长速度在趋于下降,而碳强度的下降速度比较稳定。北京、天津和上海有几年减少碳排放的力量超过了增加碳排放的力量,导致这三个直辖市实现了碳达峰(图 8-14)。其他的省份虽然没有实现碳达峰,但是,近年来减少碳排放的力量和增加碳排放的力量已经比较接近,碳排放的增长势头比较缓和。

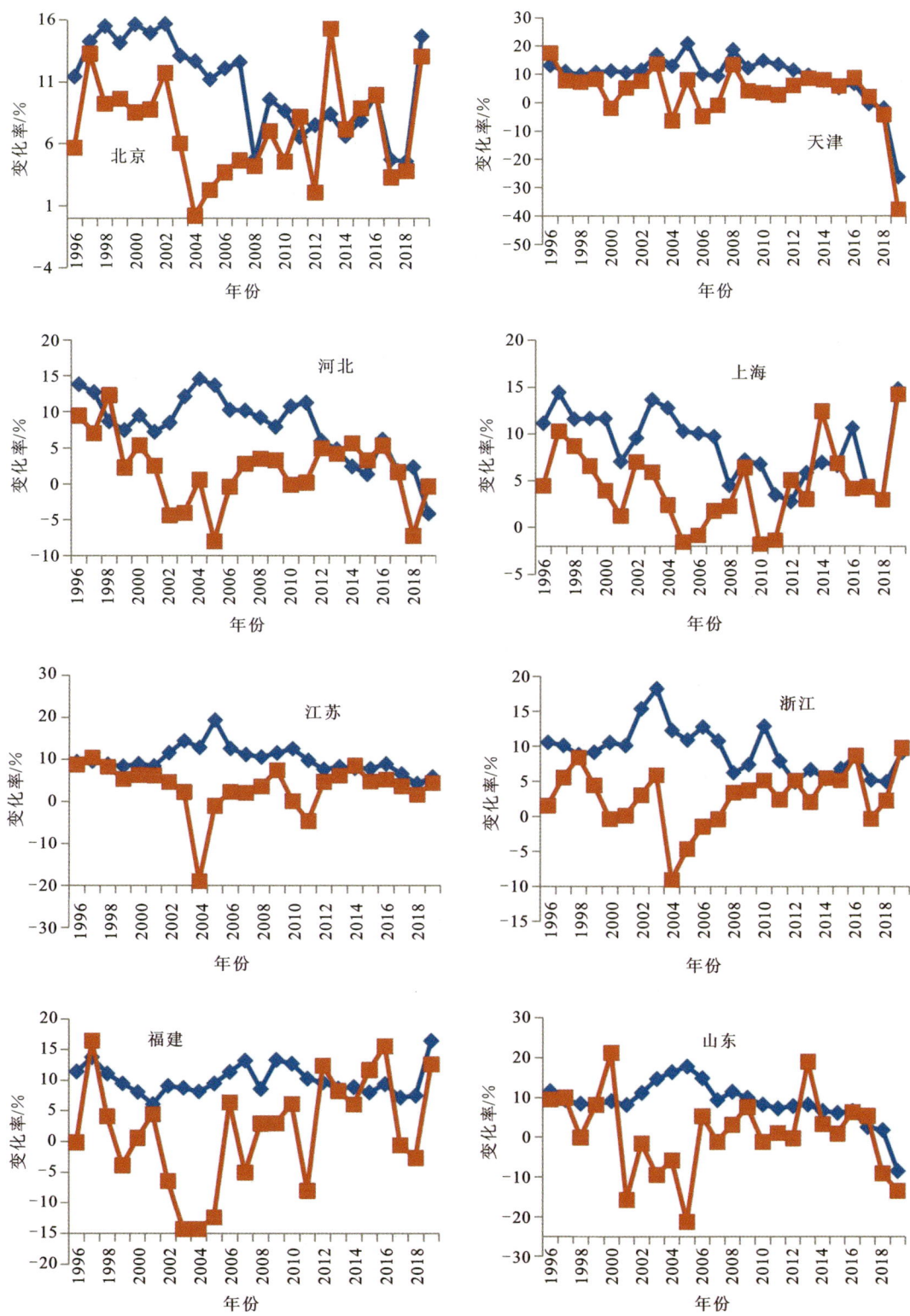

图 8-14　东部地区各省(直辖市)GDP 增长速度与碳强度下降速度的比较

(注:蓝线表示 GDP 增长率,红线表示碳强度下降率)

图 8-14 （续）

判断碳排放是否达峰需要较长时间。北京的经济增长依然强劲,经济结构以第三产业为主,能源消费主要满足生活消费需求,经济增长对能源的依赖程度较低,能源系统完成了转型,煤炭在一次能源消费中的占比不足 2%（表 8-3 和表 8-4）。这是一种非常理想的达峰模式,可以称为"北京模式"。与"北京模式"不同,天津的达峰模式是由经济下滑导致的,是被动达峰。"十三五"的前四年,天津的经济增长平均来看是负数,能源增长也是负数。这种由经济下滑导致的达峰形式可以称为"天津模式"。上海是全国的经济中心,"长三角"的经济龙头。与北京相比,上海第三产业的占比没有北京高,能源转型也没有北京彻底,但是上海的产业转型升级完成较好,经济效率和能源效率比较高,可以称为"上海模式"。

表 8-4 东部地区各省(直辖市)经济增长速度与碳强度下降速度发展趋势的比较　　单位:%

省(直辖市)	"十二五"				"十三五"			
	GDP 增长率	碳强度下降率	能耗增长率	能源碳密集度下降率	GDP 增长率	碳强度下降率	能耗增长率	能源碳密集度下降率
北京	7.400	8.332	−0.388	1.208	8.480	7.520	1.988	1.799
天津	9.482	6.240	4.194	1.364	−5.543	−7.750	−0.195	0.223
河北	5.123	3.640	2.491	1.097	1.493	−0.150	1.195	−0.420
上海	5.110	5.200	−0.480	−0.056	8.185	6.420	1.709	0.648
江苏	8.120	3.870	3.362	−0.608	6.311	3.680	1.732	−0.651
浙江	6.274	4.000	3.077	1.012	6.926	5.060	3.374	1.874
福建	9.084	6.070	3.965	1.468	10.102	6.210	3.707	0.675
山东	7.102	4.710	2.664	0.691	0.497	−2.800	1.287	−1.598
广东	6.755	6.050	2.315	1.991	7.380	3.370	3.187	−0.454
海南	9.484	1.120	7.245	−0.885	6.547	5.410	4.262	3.424

注:"十三五"时期的数据只有前四年。

(二) 中部地区

与东部地区相比,中部地区各省份在发展上有明显差距。2019 年,除了湖北人均 GDP 水平超过全国平均水平以外,其他省份都低于全国平均水平(表8-5)。在产业结构方面,中部地区6省份第三产业占比都略低于全国平均水平。

表 8-5 中部地区各省份经济社会发展情况(2019 年)

省份	人均 GDP /万元	第三产业 占比/%	城镇人口 占比/%	能耗强度/ (t·万元$^{-1}$)	煤炭在一次能源 中的占比/%	人均碳排放 量/t
山西	4.57	51.4	59.55	1.225 1	80.86	11.47
安徽	5.83	50.8	55.81	0.373 7	71.74	5.01
江西	5.31	47.5	57.42	0.390 4	61.40	4.54
河南	5.63	48.0	53.21	0.411 0	54.44	4.67
湖北	7.73	50.0	61.00	0.377 8	47.58	5.33
湖南	5.69	53.2	57.22	0.402 5	48.86	4.12

从经济增长速度和碳强度下降速度的比较来看,经济增长速度在趋于下降,而碳强度的下降速度比较稳定,这一点与东部地区相同。河南和湖北有几年碳强度的下降速度超过了经济增长速度,导致这两个省份实现了碳达峰(图8-15)。其他的省份虽然没有实现碳达峰,但是与东部地区一样,近年来经济增长速度和碳强度下降速度已经比较接近,碳排放的增长势头比较缓和。

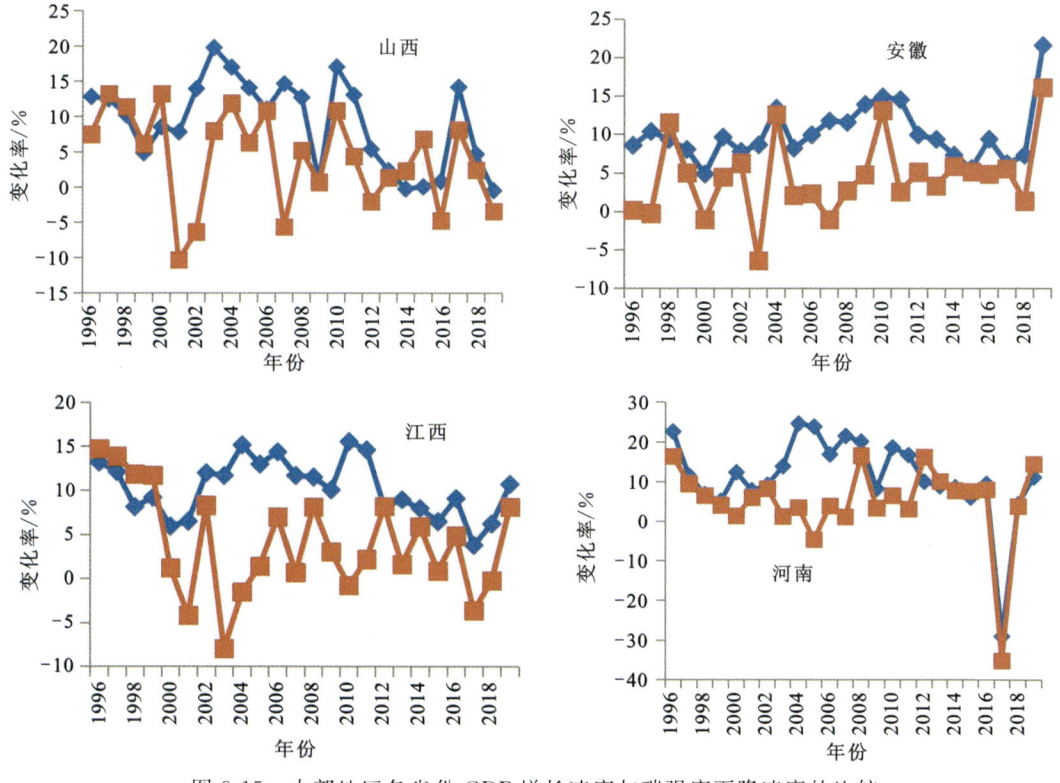

图 8-15 中部地区各省份 GDP 增长速度与碳强度下降速度的比较
(注:蓝线表示 GDP 增长率,红线表示碳强度下降率)

图 8-15 （续）

河南和湖北的碳达峰主要是因为能源的转型。在"十二五"和"十三五"期间，河南和湖北的能源碳密集度下降率都取得了不错的成绩（表 8-6）。其他省份，例如，煤炭资源大省山西也有控制煤炭消费的政策，但是没有河南和湖北取得的效果好。可以将河南和湖北"控煤"的碳达峰思路称为"河南模式"或"湖北模式"[①]。

表 8-6　中部地区各省份经济增长速度与碳强度下降速度发展趋势的比较　　单位：%

省份	"十二五"				"十三五"			
	GDP增长率	碳强度下降率	能耗增长率	能源碳密集度下降率	GDP增长率	碳强度下降率	能耗增长率	能源碳密集度下降率
山西	4.093	2.550	2.611	1.187	4.780	0.600	2.333	−1.536
安徽	9.340	4.400	4.886	0.324	11.115	6.970	3.050	−0.014
江西	9.198	3.750	5.810	0.671	7.426	2.270	3.450	−1.332
河南	9.946	8.930	0.970	0.677	−1.139	−2.32	−0.038	1.978
湖北	10.164	10.460	0.747	2.047	8.712	6.260	2.849	0.939
湖南	9.584	7.090	−0.252	−2.315	5.455	4.140	2.469	1.389

（三）西部地区

西部地区的经济发展水平相对落后，但是能源资源丰富。广西、贵州、云南、甘肃和青海人均 GDP 都不到 5 万元，达到全国平均水平的只有重庆和内蒙古（表 8-7）。同时，西部能源资源丰富，例如，西北地区的化石能源资源和风光资源丰富，而西南地区的水电资源丰富。

---

① 依据《国务院关于印发"十三五"生态环境保护规划的通知》（国发〔2016〕65 号）文件精神，一些省份制定了"十三五"煤炭消费总量控制方案。

表 8-7　西部地区各省(自治区、直辖市)经济社会发展情况(2019 年)

省(自治区、直辖市)	人均 GDP /万元	第三产业占比/%	城镇人口占比/%	能耗强度/ (t·万元$^{-1}$)	煤炭在一次能源中的占比/%	人均碳排放量/t
内蒙古	7.13	49.6	63.37	1.472 5	82.90	27.02
广西	4.29	50.7	51.09	0.530 7	52.36	3.95
重庆	7.56	53.2	66.80	0.376 6	39.04	4.96
四川	5.57	52.4	53.79	0.446 0	24.79	2.97
贵州	4.63	50.3	49.02	0.621 6	75.56	6.05
云南	4.78	52.6	48.91	0.523 5	39.96	3.48
陕西	6.65	45.8	59.43	0.522 5	58.90	5.68
甘肃	3.29	55.1	48.49	0.896 7	60.25	5.27
宁夏	5.39	50.3	59.86	2.040 3	81.20	23.86
青海	4.88	50.7	55.52	1.427 9	26.20	7.41
新疆	5.39	51.6	51.87	1.359 8	79.56	17.15

从经济增长速度和碳强度下降速度的比较来看,增加碳排放的力量在趋于下降,而减少碳排放的力量比较稳定。但是,与东部和中部地区不同的是,内蒙古和新疆的增加碳排放的力量仍然要大于减少碳排放的力量,碳排放还在持续增长。在西南地区的四川和重庆,减少碳排放的力量有几年都高过增加碳排放的力量,表明这两个省(直辖市)已经实现碳达峰(图 8-16)。

图 8-16　西部各省(直辖市)GDP 增长速度与碳强度下降速度的比较

(注:蓝线表示 GDP 增长率,红线表示碳强度下降率)

图 8-16 （续）

图 8-16 （续）

四川和重庆实现碳达峰主要是依靠发展水电。在"十三五"的前四年,四川和重庆的能源碳密集度下降较快,超过了能耗增长率(表 8-8)。可以将这种方式称为"四川模式"或"重庆模式"。在"十二五"和"十三五"期间,西部有多个省(自治区、直辖市)出现了能源碳密集度下降率为负数的情况,表明能源结构在向高碳的方向发展。

表 8-8　西部地区各省(自治区、直辖市)经济增长速度与碳强度下降速度发展趋势的比较　单位:%

省份	"十二五"				"十三五"			
	GDP 增长率	碳强度下降率	能耗增长率	能源碳密集度下降率	GDP 增长率	碳强度下降率	能耗增长率	能源碳密集度下降率
内蒙古	6.099	1.220	2.501	−2.233	−3.231	−10.320	7.936	1.402
广西	9.016	6.660	4.414	2.497	3.311	−2.380	3.541	−2.020
重庆	11.710	8.180	0.222	−2.712	7.897	8.020	3.498	4.208
四川	8.942	7.910	0.696	0.029	8.679	10.210	3.297	5.482
贵州	14.871	8.400	2.929	−2.367	9.466	6.760	2.772	0.654
云南	10.602	13.630	3.880	8.011	11.620	4.400	3.922	−1.950
陕西	9.383	4.200	5.809	0.979	6.505	5.620	3.500	2.979
甘肃	7.719	3.800	4.865	1.240	3.673	3.680	1.115	1.275
宁夏	8.641	1.090	8.230	0.813	3.745	−3.430	8.996	1.807
青海	9.460	−1.230	10.177	−0.811	2.516	5.590	0.696	3.700
新疆	8.564	−5.730	13.720	−0.968	7.028	0.210	4.245	−2.373

（四）东北三省

东北三省面临着产业转型的压力。东北三省是我国的老工业基地,但是,近年来经济出现了下滑。东北三省的人均 GDP 都低于全国平均水平,并且吉林和黑龙江两省对煤炭的依赖程度较高(表 8-9)。

表 8-9　东北三省各省份经济社会发展情况（2019 年）

省份	人均 GDP /万元	第三产业占比/%	城镇人口占比/%	能耗强度/ (t·万元$^{-1}$)	煤炭在一次能源中的占比/%	人均碳排放量/t
辽宁	5.72	53.0	68.11	0.9534	57.64	11.37
吉林	4.36	53.8	58.27	0.6082	81.50	7.02
黑龙江	3.63	50.1	60.90	0.5239	72.31	7.27

从经济增长速度和碳强度下降速度的比较来看，增加碳排放的力量在趋于下降，而减少碳排放的力量比较稳定。吉林省减少碳排放的力量有几年都高过增加碳排放的力量，表明该省已经实现碳达峰了（图 8-17）。

图 8-17　东北三省各省份 GDP 增长速度与碳强度下降速度的比较
（注：蓝线表示 GDP 增长率，红线表示碳强度下降率）

从东北三省的经济增长来看，"十三五"前四年平均增速为负数（表 8-10）。这表明东北三省的经济出现了滑坡，其中，吉林因为经济滑坡而导致的碳排放达峰是被动的，类似于东部地区的天津。

表 8-10 东北三省各省份经济增长速度与碳强度下降速度发展趋势的比较　　　单位:%

省份	"十二五"				"十三五"			
	GDP增长率	碳强度下降率	能耗增长率	能源碳密集度下降率	GDP增长率	碳强度下降率	能耗增长率	能源碳密集度下降率
辽宁	6.428	5.060	0.539	−0.548	−5.330	−8.350	2.737	1.220
吉林	7.357	6.050	−2.795	−4.213	−6.357	−6.250	0.408	2.426
黑龙江	5.048	0.520	−2.795	−8.096	−4.766	−7.510	0.408	−0.938

第九章　中国未来低碳经济增长的地区性路径

中国提出了振奋人心的"双碳"目标。但由于中国各地区之间的差异巨大，实现这一目标的过程必须是循序渐进和因地制宜的。不当的时机可能导致不公平或不可持续的能源转型。例如，在2021年下半年，中国一些省份普遍实现电力配给，就是因为不现实的能源限制和煤价暴涨。因此，根据省份层面的异质性进行区域政策调整，使多样化的区域努力朝着"双碳"目标前进是有必要的。

一、中国区域经济的协调发展

区域发展战略始终服从并服务于国家整体战略目标需要。进入新发展阶段是我国区域发展的历史方位，坚持新发展理念是我国区域发展的指导原则，构建新发展格局是我国区域发展的路径指引。新发展阶段是我国在如期全面建成小康社会后，进入全面建成社会主义现代化强国的新阶段。贯彻新发展理念就是要完整、准确、全面贯彻创新、协调、绿色、开放、共享的新发展理念。构建新发展格局就是要构建"双循环"，即以国内大循环为主体，国内国际双循环相互促进。

在区域格局上，将加快塑造"双循环"新发展格局下"沿海—内陆—沿边"全面开放的区域协调发展格局。中国将充分发挥超大规模市场优势，加快建设全国统一大市场，将"大市场"发展为"强市场"，通过以本土市场为基础的科技高水平自立自强，大力支持本土企业创新创业，创建"以我为主"的全球价值链网络，深刻改变长期以来以西方市场为基础的、嵌入发达国家跨国企业网络的国际代工模式。在"双循环"新发展格局下，我国区域格局将朝着各大板块梯度共进和协调发展的方向深度优化。一方面，在以"内循环"为主的全国统一大市场框架下，东、中、西、东北四大板块的高质量协调发展将成为战略重点；另一方面，在国内国际双循环相互促进下，沿海开放高地优势将更加凸显，成为我国"双循环"新发展格局塑造的重要引擎。推动东部地区加快现代化进程，高水平打造有全球竞争力的科创中心和人才基地，培育壮大世界级先进制造业集群。

从区域发展看，各地应立足自身优势，以全面服务和融入"双循环"新发展格局为契机，高标准推进区域产业高质量发展。东部发达地区应着力强化科技高水平自立自强，打造世界级先进制造业集群，大力发展生产性服务业和知识密集型服务业，谋划推动一批资源和劳动密集型传统产业精准有序转移，为承接国际产业链高端环节腾出空间，加快推动产业结构向中高端转变，释放以重点区域带动全局发展的整体效应。其他地区应立足区域实际，扬长避短、凸显特色、发挥优势，依托传统产业特色优势推动产业转型提档升级，如东北重工业基地和山西能源行业应进一步强化科技赋能,实现"老树发新枝",深挖潜在特色优势,推动跨越发展;如黄河流域的陕西、甘肃、内蒙古、青海、新疆等省份可在对传统优势特色产业提档升级的基础上,充分挖掘太阳能、风能优势,合力打造可再生能源示范区,借力发挥战略叠加特色优势、引进内联特色优势、政策集成特色优势等,因地制宜促进区域高质量发展。

在国内不同区域之间,也存在"雁阵"模式。东部地区是经济发展龙头,处在第一方阵,中部地区和东北三省是第二方阵,而西部地区是阵尾,排在最后。近几年,中国开展了东部产业向西部梯度转移的工作。产业梯度转移有利于加强区域合作、优化产业布局,获得资源重新配置效率,以实现中国经济增长向全要素生产率支撑型模式的转变。

作为处在经济发展第一方阵的东部地区,要率先破解碳排放约束。一方面,东部地区要推动产业转型升级,引领其他地区的经济发展;另一方面,东部地区要早于全国时间实现碳达峰。只有这样,才能为西部地区腾出发展空间,促进全国整体上在2030年前实现碳达峰。

二、东部地区

东部地区是我国经济增长的引擎。未来一段时期,在高质量发展的方向下,东部地区由于技术水平和效率较高,将再次获得较快发展。本项研究认为,东部地区未来整体GDP增长速度比全国平均水平要略高(表9-1),其中,北京和上海是东部地区第一梯队,江苏、浙江、福建、广东和海南是东部地区第二梯队,天津、河北和山东是东部地区第三梯队,处在最后。

表 9-1　东部地区各省份未来经济增长和节能减排发展假设　　单位:%

地区	"十四五"			"十五五"			"十六五"		
	GDP增长率	能耗强度下降率	碳强度下降率	GDP增长率	能耗强度下降率	碳强度下降率	GDP增长率	能耗强度下降率	碳强度下降率
北京	6.0	4.0	6.0	6.0	4.0	6.0	6.0	4.0	6.0
天津	5.0	3.0	4.5	4.5	3.0	4.5	4.0	3.0	4.5
河北	5.0	2.5	4.0	4.5	3.0	4.5	4.0	3.0	4.5
上海	6.0	4.0	6.0	6.0	4.0	6.0	6.0	4.0	6.0
江苏	6.0	3.5	5.5	5.5	4.0	5.5	5.0	3.5	5.5
浙江	6.0	3.5	5.5	5.5	4.0	5.5	5.0	3.5	5.5
福建	6.0	3.5	5.5	5.5	4.0	5.5	5.0	3.5	5.5
山东	5.0	2.5	4.5	4.5	3.0	4.5	4.0	3.0	4.5
广东	6.0	3.5	5.5	5.5	4.0	5.5	5.0	3.5	5.5
海南	6.0	3.0	4.5	5.5	3.5	5.0	5.0	3.5	5.0

在表9-1的经济增长速度假设下,东部地区各省份未来经济保持增长趋势(图9-1)。其中,广东和江苏的经济优势进一步加大;山东和浙江趋势越来越接近;北京、上海和福建也保持了较快的增长势头;河北、天津和海南处在最后面。

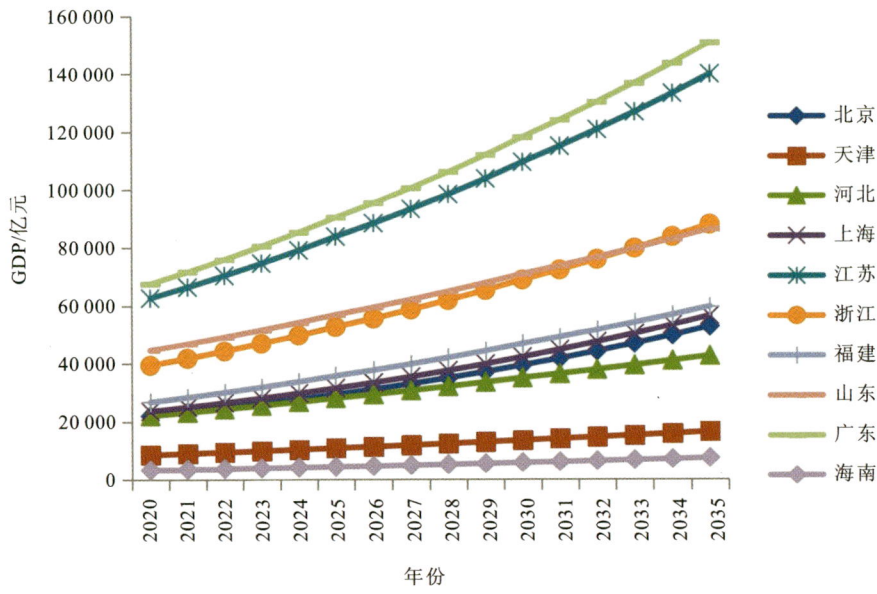

图 9-1　东部地区各省份未来 GDP 发展趋势

（注：按 2005 年不变价计算）

将各省份的数据加总得到东部地区总体 GDP 增长趋势（图 9-2）。在整体上，2035 年东部地区的 GDP 将是 2020 年的 2.19 倍，翻了一番多。这为全国在 2035 年 GDP 总量比 2020 年翻一番打下了坚实基础。

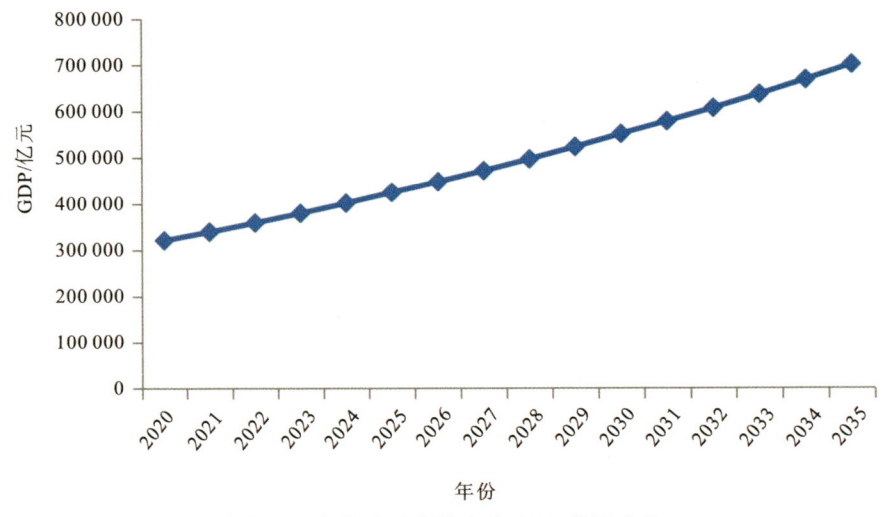

图 9-2　东部地区总体未来 GDP 发展趋势

（注：按 2005 年不变价计算）

东部地区具有产业转型升级的优势以及产业梯度转移的趋势，能耗强度的年下降率高于全国平均水平。本项研究假设东部地区能耗强度下降率能一直保持在 3.5% 的水平（表 9-1）。此外，东部地区通过进一步控制煤炭消费和发展可再生能源，碳强度下降率能一直保持在 5% 左右的水平。

在上述假设下,东部地区除北京和上海以外,各省份在"十四五"期间碳排放有缓慢增长。其中,山东和河北产业转型升级的难度较大,碳排放增长趋势更明显(图9-3)。在"十五五"期间,除海南省外,其他各省份都在2025年左右实现了碳达峰。"十六五"期间则各省份都出现碳排放量的明显下降。

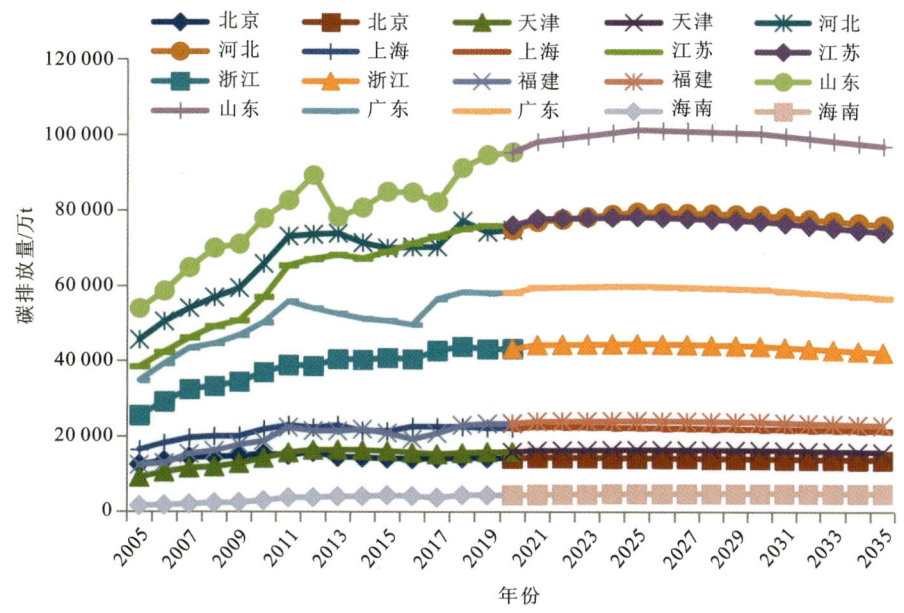

图 9-3　东部地区各省份未来碳排放发展趋势

(注:1.2020年的数据根据各省的能源消费实际增长率做了调整,下同;2.2021年全国能源消费增长了3.2%,特别是东部地区,由于出口量增加,碳排放量略有上升)

东部地区总体上能在2025年左右实现碳达峰。虽然海南省的碳达峰时间要晚于2025年,但是海南省的碳排放量较小,对东部的整体影响较小。因此,东部地区在整体上能在2025年左右实现碳达峰,峰值总量44.2亿t,比2020年增长3.5%(图9-4)。东部地区整体达峰时间要早于全国达峰时间,这是因为东部地区的经济发展水平较高,工业化和城市化进程在全国处于领先地位。

图 9-4　东部地区总体碳排放未来发展趋势

三、中部地区

中部地区基本上处于全国平均水平。在中部地区内部,安徽和湖北的发展势头较好,而山西和河南的发展势头较差。因此,将中部地区6省份分为3种类型。在"十四五"期间,安徽和湖北的经济增长率略高,达到6%;山西和河南的经济增长率略低,只有5%;江西和湖南处在中间,达到5.5%。在"十五五"和"十六五"期间,山西和河南的经济增长率也略低一点(表9-2)。

表 9-2　中部地区各省份未来经济增长和节能减排发展假设　　　　　　　单位:%

省份	"十四五"			"十五五"			"十六五"		
	GDP增长率	能耗强度下降率	碳强度下降率	GDP增长率	能耗强度下降率	碳强度下降率	GDP增长率	能耗强度下降率	碳强度下降率
山西	5.0	3.0	4.5	4.5	3.0	4.5	4.0	3.0	4.5
安徽	6.0	3.0	4.5	5.0	3.0	4.5	4.5	3.0	4.5
江西	5.5	3.0	4.5	5.0	3.0	4.5	4.5	3.0	4.5
河南	5.0	3.0	4.5	4.5	3.0	4.5	4.0	3.0	4.5
湖北	6.0	3.0	4.5	5.0	3.0	4.5	4.5	3.0	4.5
湖南	5.5	3.0	4.5	5.0	3.0	4.5	4.5	3.0	4.5

在这样的经济增长假设下,中部地区各省份未来经济增长呈现分化趋势(图9-5)。在经济总体规模上,河南、湖北、湖南和安徽对江西和山西的优势在拉大;安徽与湖南的经济总量差距在不断缩小。

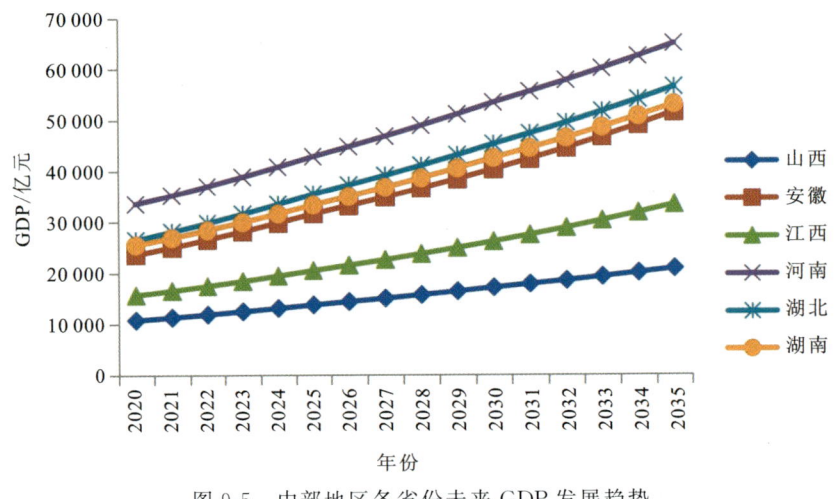

图 9-5　中部地区各省份未来GDP发展趋势

(注:按2005年不变价计算)

将中部地区六省份的数据加总得到中部地区总体GDP发展趋势(图9-6)。到2035年,按不变价计算,中部地区GDP总量刚刚翻了一番。这符合中部地区经济发展处在全国平均水平这个假设。

图9-6 中部地区总体未来GDP发展趋势
(注:按2005年不变价计算)

在能耗强度下降率和碳强度下降率方面,中部地区各省份都能保持在全国平均水平(表9-2)。在上述假设下,中部地区各省份都能在"十五五"期间实现碳达峰,与国家整体碳达峰时间基本保持一致。山西和河南依然是中部地区碳排放量最多的省份,安徽和湖北的碳排放量几乎重合(图9-7)。

图9-7 中部地区各省份未来碳排放发展趋势

中部地区整体上在"十四五"期间碳排放会有缓慢增长,然后在"十五五"期间实现碳达峰,峰值数量21.5亿t,比2020年增长6.1%(图9-8)。中部地区的碳达峰时间比东部地区要晚,与全国碳达峰要求的时间基本保持一致。

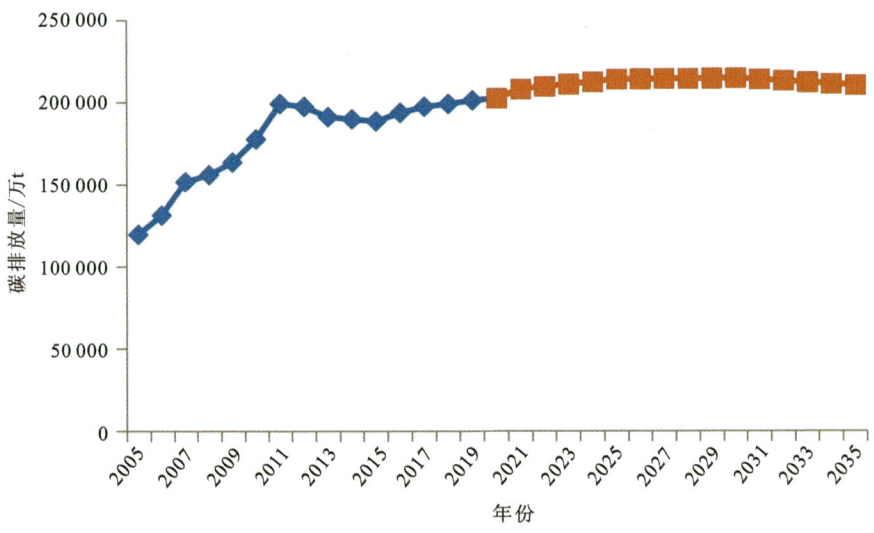

图 9-8 中部地区整体碳排放未来发展趋势

四、西部地区

西部地区的情况比较复杂。在经济发展势头上,西南地区整体上比西北地区略好一些;在西南地区内部,重庆和四川比云南和贵州经济增长形势略好一些;在西北地区内部,陕西经济增长形势较好。在假设条件下,"十四五"期间,重庆和四川的经济增长率年均能达到6%,云南、贵州和陕西能达到5.5%,其他地区能达到4.5%;在"十五五"和"十六五"期间,各省(自治区、直辖市)增长率略有下降(表9-3)。

表 9-3 西部地区各省(自治区、直辖市)未来经济增长和节能减排发展假设　　　　单位:%

省(自治区、直辖市)	"十四五"			"十五五"			"十六五"		
	GDP增长率	能耗强度下降率	碳强度下降率	GDP增长率	能耗强度下降率	碳强度下降率	GDP增长率	能耗强度下降率	碳强度下降率
内蒙古	4.5	2.0	3.0	4.0	2.0	3.0	3.5	2.0	3.5
广西	5.0	2.0	3.0	4.5	2.0	3.5	4.0	2.0	3.5
重庆	6.0	3.0	5.0	5.5	3.5	5.5	5.0	3.5	5.5
四川	6.0	3.0	5.0	5.5	3.5	5.5	5.0	3.5	5.5
贵州	5.5	3.0	4.5	5.0	3.5	5.0	4.5	3.5	5.0
云南	5.5	3.0	4.5	5.0	3.5	5.0	4.5	3.5	5.0
陕西	5.5	3.0	4.0	5.0	3.0	4.5	4.5	3.0	4.5
甘肃	4.5	2.0	3.0	4.0	2.0	3.5	3.5	2.0	3.5
宁夏	4.5	2.0	3.0	4.0	2.0	3.5	3.5	2.0	3.5
青海	4.5	2.0	3.0	4.0	2.0	3.5	3.5	2.0	3.5
新疆	4.5	2.0	3.0	4.0	2.0	3.0	3.5	2.0	3.5

在上述经济增长假设下,西部地区各省(自治区、直辖市)未来经济增长趋势分化明显(图9-9)。四川经济规模有进一步扩大的趋势;陕西对于云南和广西的经济总量优势有一点拉大,巩固了其西部地区第二的地位。

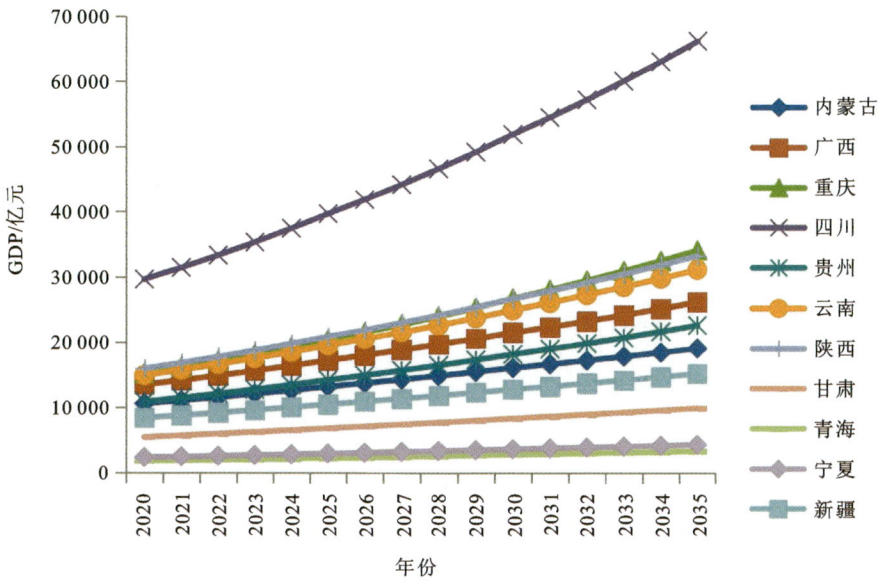

图 9-9　西部地区各省(自治区、直辖市)未来 GDP 发展趋势

(注:按 2005 年不变价计算)

将西部地区各省(自治区、直辖市)的 GDP 加总得到西部地区总体 GDP 增长趋势(图9-10)。到 2035 年,按不变价计算,西部地区的 GDP 总量比 2020 年刚刚翻了一番。这有助于防止东西部地区经济差距变得过大,从而促进共同富裕目标的实现。

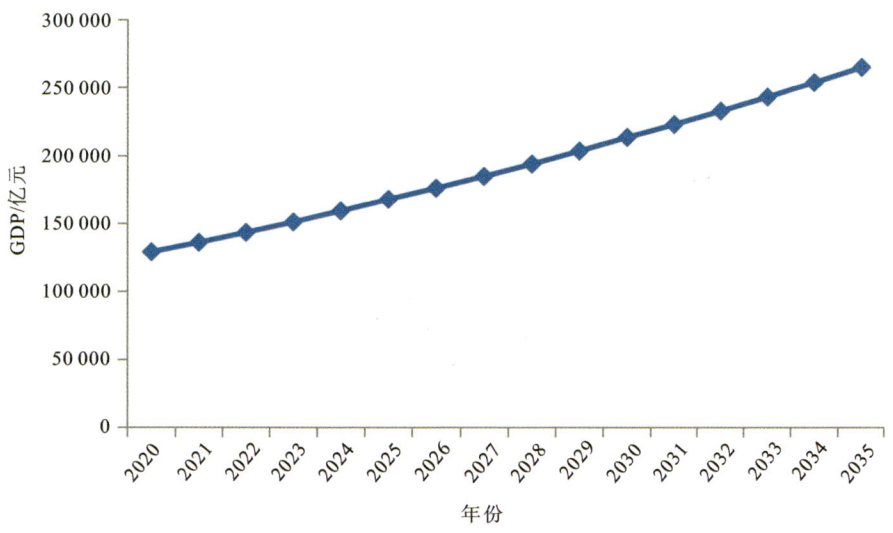

图 9-10　西部地区总体未来 GDP 发展趋势

(注:按 2005 年不变价计算)

西部地区能源资源丰富。在能源资源禀赋上,西南地区水电资源丰富,而西北地区煤炭资源和风能、太阳能资源丰富。在能耗强度下降率和碳强度下降率方面,由于西部地区要承接东部地区产业的梯度转移,并且完成新型工业化和城镇化进程,西部地区能耗强度下降率会低于全国平均水平。碳强度下降率还要受到可再生能源的资源禀赋和开发力度的影响,假设西南地区的重庆、四川、贵州和云南的碳强度下降率要更高(表9-3)。

在上述假设下,西部地区的碳排放出现分化趋势。西北地区,特别是内蒙古和新疆作为能源大省,对保障全国的能源安全发挥着积极作用,在未来一段时期碳排放量仍将持续增长;西南地区,例如重庆和四川,通过开发和利用水电资源可以更早地实现碳达峰(图9-11)。

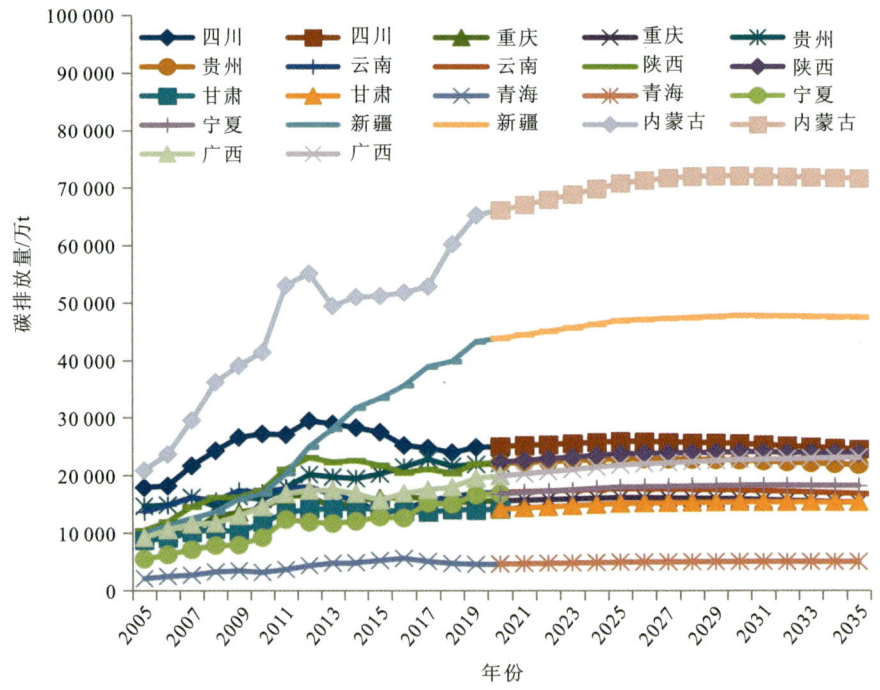

图9-11 西部各省(自治区、直辖市)未来碳排放发展趋势

在整体上,西部地区要在2030年以后才能实现碳达峰。西部地区整体的碳达峰时间比全国要略晚,峰值数量29亿t,比2020年增长8.4%(图9-12)。

五、东北三省

作为老工业基地,东北三省的碳排放量占比远远高于其经济总量占比。2019年,东北三省的碳排放量约占全国的10%,但是GDP总量仅占全国的5.1%,碳排放强度几乎是全国平均水平的2倍。在未来一段时期,东北三省面临着振兴经济和降低碳排放量的双重挑战。在东北三省内部,辽宁的经济增长形势略好于吉林和黑龙江。假设辽宁的GDP增长率比吉林和黑龙江高出1个百分点(表9-4)。

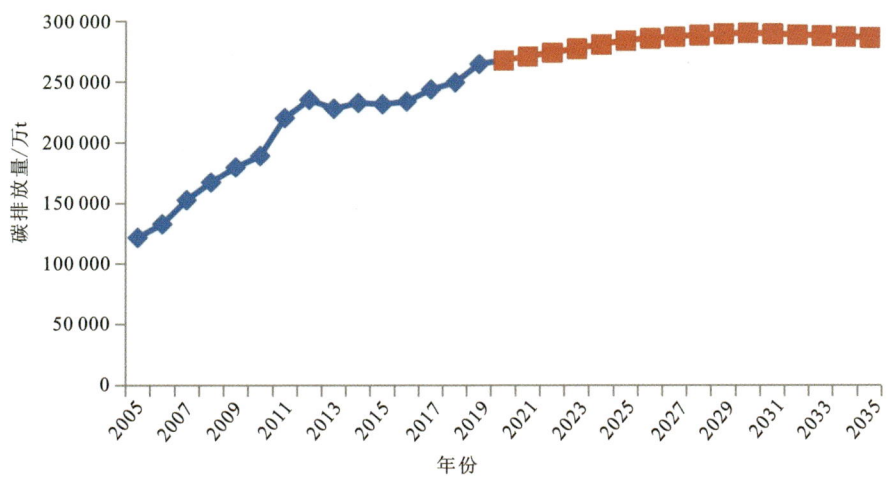

图 9-12 西部整体碳排放未来发展趋势

表 9-4 东北三省未来经济增长和节能减排发展假设　　　　　　　　　　单位:%

省份	"十四五"			"十五五"			"十六五"		
	GDP增长率	能耗强度下降率	碳强度下降率	GDP增长率	能耗强度下降率	碳强度下降率	GDP增长率	能耗强度下降率	碳强度下降率
辽宁	5.0	2.0	3.0	4.5	2.5	4.0	4.0	2.5	4.0
吉林	4.0	2.0	3.0	3.5	2.0	3.5	3.0	2.0	3.5
黑龙江	4.0	2.0	3.0	3.5	2.0	3.5	3.0	2.0	3.5

在上述假设下，东北三省未来 GDP 发展势头相对平缓(图 9-13)。在东北三省内部,吉林和黑龙江与辽宁的经济总量差距会进一步拉大。

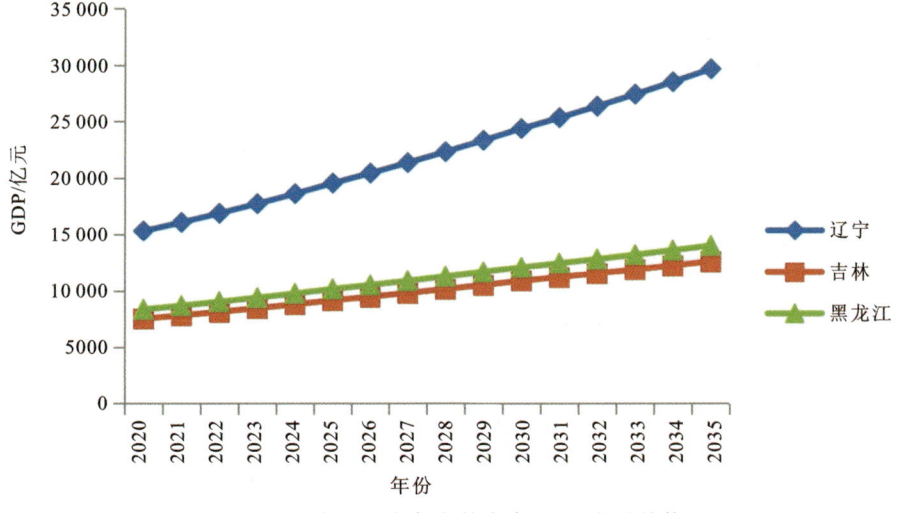

图 9-13 东北三省各省份未来 GDP 发展趋势

(注:按 2005 年不变价计算)

将东北三省各省份的数据加总得到东北三省总体 GDP 增长趋势(图 9-14)。到 2035 年，按不变价计算，东北三省的 GDP 总量没有实现比 2020 年翻一番。

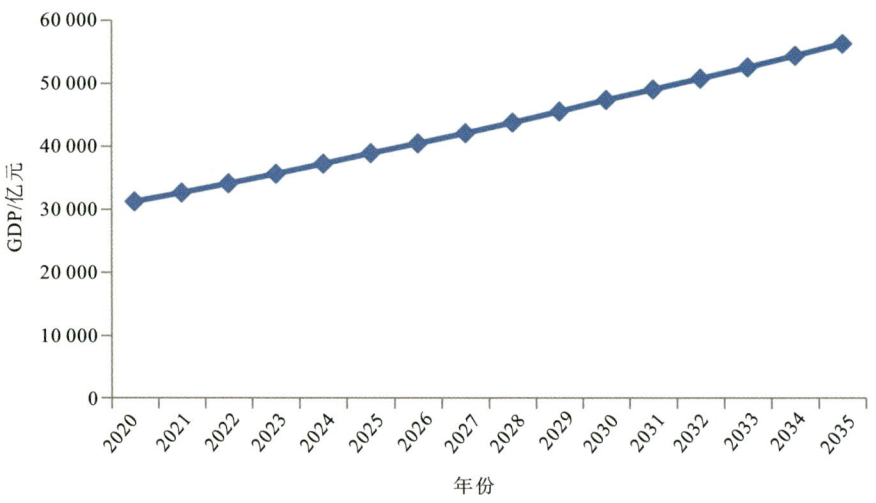

图 9-14　东北三省总体 GDP 未来发展趋势

(注：按 2005 年不变价计算)

随着东北三省产业结构的转型升级，"十五五"和"十六五"期间碳强度下降率会有所提高(表 9-4)。在上述假设下，东北三省的碳排放量将缓慢增长。其中，辽宁增长幅度略高于吉林和黑龙江(图 9-15)。东北三省的碳排放都将在"十五五"期间达峰，晚于东部，与中部地区相近。

图 9-15　东北三省未来碳排放发展趋势

东北三省整体上碳排放将有所反弹,然后实现碳达峰。在"十四五"期间,随着经济的复苏,东北三省的碳排放量在整体上有所增长;在"十五五"期间,进入碳排放达峰期,峰值数量10.4亿t,比2020年增长7.7%;在"十六五"期间,碳排放量稳中有降(图9-16)。

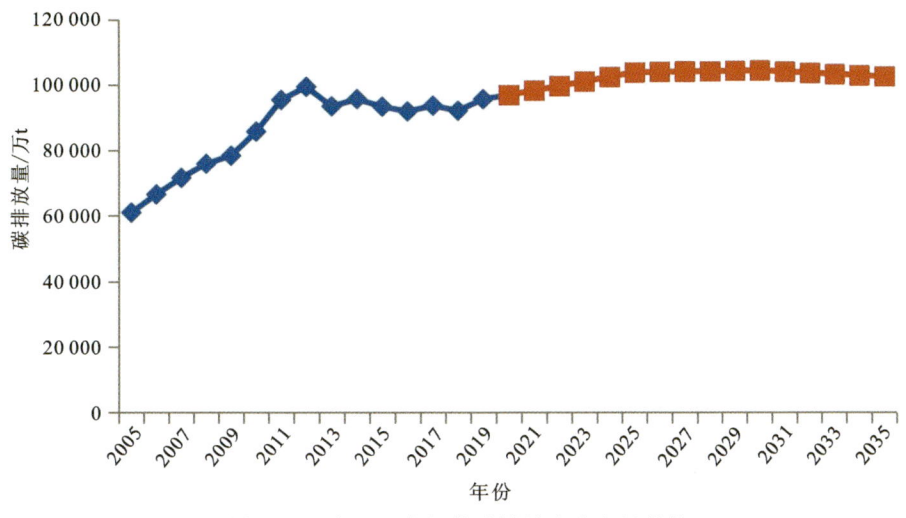

图 9-16 东北三省整体碳排放未来发展趋势

六、各区域比较及加总

不同区域之间未来经济增长会发生分化。东部地区经济增长速度较快,要高于全国平均水平,并且带动其他地区的经济增长;东北三省经济增长速度较慢,要低于全国平均水平;中部地区和西部地区的经济总量仍然非常接近,在经济增长速度上与全国平均水平基本保持一致(图9-17)。

图 9-17 各区域 GDP 未来发展趋势

(注:按 2005 年不变价计算)

将不同区域的 GDP 相加得到全国 GDP 增长趋势(图 9-18)。按照这样的增长趋势,按不变价计算,到 2034 年(比原定的目标早一年)全国 GDP 就可以实现比 2020 年翻一番的目标了。

图 9-18　全国 GDP 增长趋势

(注:按 2005 年不变价计算)

不同区域碳排放达峰时间有先有后。东部地区碳达峰时间最早,其次是中部地区和东北三省,最后是西部地区(图 9-19)。东部地区碳排放占比最大,率先实现碳达峰对全国有重要意义,既可以给其他地区带来示范效应,也可以给西部地区腾出碳排放空间,促进全国整体在 2030 年前实现碳达峰。

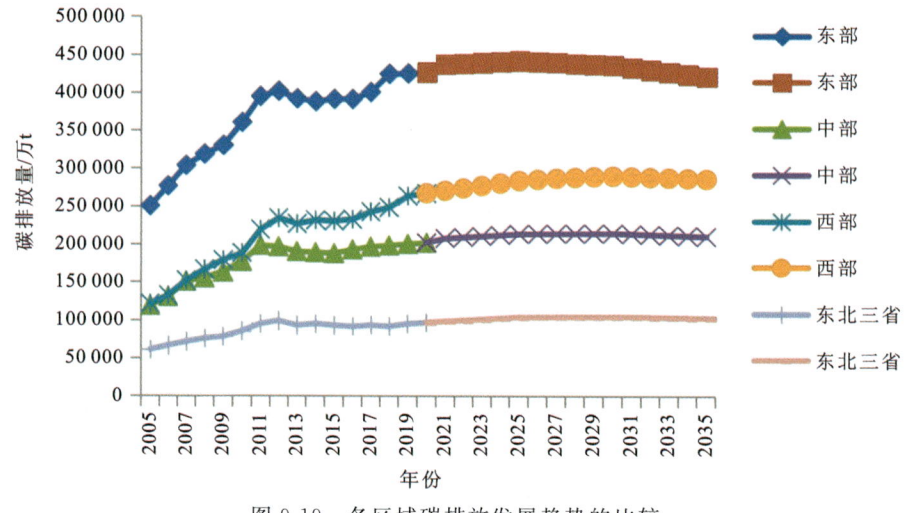

图 9-19　各区域碳排放发展趋势的比较

中国整体上可以在 2030 年前实现碳达峰。通过各区域自下而上的汇总,全国碳排放将在 2029 年实现碳达峰(图 9-20)。峰值数量 104.6 亿 t,比 2020 年增长 5.2%,增长幅度与全国层面的数据比较接近。

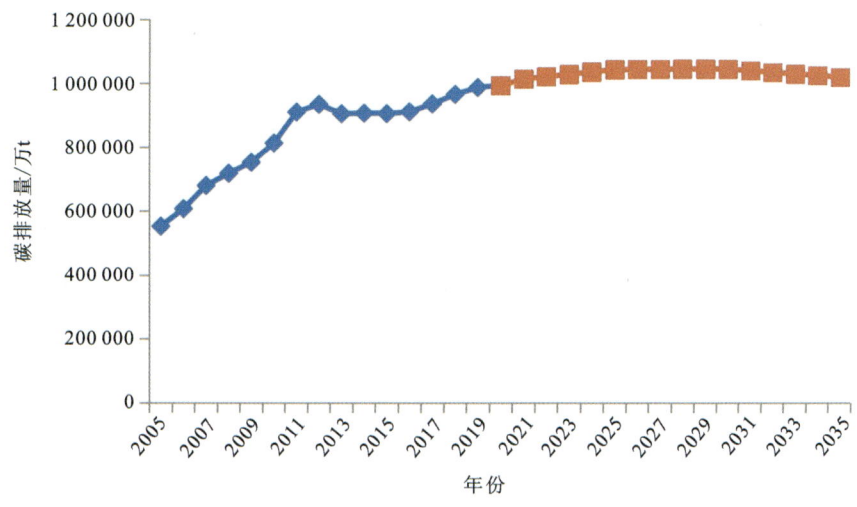

图 9-20 各区域加总的碳排放发展趋势

七、进一步的讨论

从区域低碳经济增长的路径来看,不同区域存在着差异,不能采取"一刀切"的模式。在高质量发展的要求下,东部地区经济将获得较快增长,并且有条件率先实现碳达峰;中部地区的经济增长速度和碳达峰时间与全国基本保持一致;东北三省的经济增长速度要低于全国平均水平,但是碳达峰时间要与全国水平保持一致;西部地区经济增长速度要尽量接近全国平均水平,但是碳排放最后达峰。

只有东部发达地区碳排放率先达峰,才能为西部地区留出一定的碳排放空间,确保在 2030 年前全国整体碳排放达到峰值。东部地区率先碳达峰的有利条件是经济发展形势较好,新旧动能转换和产业升级比较明显;不利条件在于预期 GDP 增长率越高,实现碳达峰越困难。东部地区到 2025 年期望 GDP 增长率约为 5.5% 的较高水平,碳强度年下降率需保持相应较高水平。这将远高于发达国家碳排放达峰时 GDP 增长速度和碳强度下降的速度。达峰任务艰巨,需要做出艰苦的努力。

中部地区经济社会发展处在全国平均水平,在全国碳达峰地区中具有很强的代表性。近些年来,中部地区一些省份(如河南和湖北)采取了严格控制煤炭消费的政策。这些控煤政策已经取得了显著的成效,需要保持下去。

从长远看,西部能源大省要尽快跳出传统工业化思维,逐步摆脱对化石能源的依赖。内蒙古、新疆、宁夏、贵州等省份需要采取有力措施转变发展方式,实现从资源依赖走向技术创新。西部能源大省既要保障全国能源供应,又要担起减排降耗的重压,其绿色低碳转型发展面临巨大挑战。

东北三省作为老工业基地,需要加快推进产业转型升级。近些年来,东北三省经济出现了下滑趋势,发展面临着一些困难。东北三省需要迅速改变方向,向侧重于以服务为基础的经济和更清洁的能源结构方向迈进。

第四篇

中国低碳经济增长的机制设计和制度安排及研究结论

第十章 中国低碳经济增长的机制设计和制度安排

中国式现代化和"双碳"目标已经上升到国家发展战略。前文已经探讨了中国实现低碳经济增长的多维路径问题,本章将探讨中国低碳经济增长目标的落实问题,即将可行性变为现实性。

如何在促进经济较快增长的同时实现碳达峰目标?在目前条件下,中国很明显没有自然达峰的可能性,只能通过国家战略和国家政策来加以引导,并调动全社会的力量来加以落实。对此,我们需要多方位系统探讨。

一、中国落实低碳经济增长目标的模式

中国如何落实低碳经济增长目标?应对气候变化、实现低碳经济增长涉及中央政府、相关部委(或行业主管部门)、地方政府、企业、公众等众多行动主体,涵盖工业、能源、建筑、交通等不同领域①。

在模式上,中国实现低碳经济增长的目标主要是"自上而下"的(图10-1)。首先,中央政府确定目标,例如,中央政府确定在2030年前实现碳达峰,以及在2035年基本实现现代化;接下来,相关部委建立机制,即进行机制设计,出台激励性政策等;然后,地方政府根据中央政

图 10-1 中国落实低碳经济增长目标的模式

---

① 中央政府是指党中央和国务院,对应国家层面或宏观层面,但是,严格来说,党中央和国务院的职能也有区别;相应地,地方政府包括地方党委和政府,属于中观层面。

府确定的目标和相关部委颁布的政策制定地方经济增长和碳达峰方案,并接受中央政府的监督和考核;最后,企业、公众和公共机构等微观层面主体采取行动,完成中央政府确定的目标。

中国实现低碳经济增长的路径有多个维度。在宏观层面上,中央政府要进行规划,然后在行业和地区等中观层面落实。国家层面上有低碳经济增长这个目标或需求,必须落到行业上、地区上,特别是重点行业、重点地区上,否则,目标难以达成。因此,国家层面的宏观维度和行业、地区层面的中观维度是相互联系的,需要统筹推进。

二、中央政府

在国家层面,中央政府是全面推动实现经济增长和碳达峰目标的行动主体。该行动主体具有统揽性、综合性、权威性,是一只"看得见的手",其职责主要是提出低碳经济增长的目标、制定实现经济增长和碳达峰目标的规划和总体方案。在 2030 年前实现碳达峰这一目标下,中央政府不仅要制定规划,还要通过各种形式和方式督促各级政府以及各类行动主体切实履行各自的具体任务和目标,最终实现碳达峰。

中央政府既是面向国际社会全面履行碳达峰、碳中和承诺的主体,也是推动全国"一盘棋"实现碳减排目标的行动主体。国家主席习近平 2015 年在气候变化巴黎大会开幕式上发表讲话,指出"中国把应对气候变化融入国家经济社会发展中长期规划,坚持减缓和适应气候变化并重,通过法律、行政、技术、市场等多种手段,全力推进各项工作……通过科技创新和体制机制创新,实施优化产业结构、构建低碳能源体系、发展绿色建筑和低碳交通、建立全国碳排放交易市场等一系列政策措施,形成人和自然和谐发展现代化建设新格局"。

2015 年达成的《巴黎协定》提出设定长期目标、建立自主贡献减排模式等重要内容。中国在"国家自主贡献"中提出,将于 2030 年前后使二氧化碳排放达到峰值并争取尽早实现,2030 年单位国内生产总值二氧化碳排放比 2005 年下降 60%～65%,非化石能源占一次能源消费比重达到 20% 左右,森林蓄积量比 2005 年增加 45 亿 m^3 左右。既然中国政府明确向国际社会做出了"国家自主贡献"的承诺,也就意味着中国政府必须在国家层面全面履行这一承诺。

2020 年 9 月,国家主席习近平在第七十五届联合国大会一般性辩论上宣布,中国将提高国家自主贡献力度,采取更加有力的政策和措施,二氧化碳排放力争于 2030 年前达到峰值,努力争取 2060 年前实现碳中和。2020 年 10 月,中国共产党第十九届五中全会通过的《中共中央关于制定国民经济和社会发展第十四个五年规划和二〇三五年远景目标的建议》明确提出,"降低碳排放强度,支持有条件的地方率先达到碳排放峰值,制定二〇三〇年前碳排放达峰行动方案"。2020 年 12 月的中央经济工作会议确定了八项重点任务,其中一项是"做好碳达峰、碳中和工作"。由此,2030 年前实现碳达峰、2060 年前实现碳中和的目标成为国家重大战略。

自 2021 年 10 月以来,党中央和国务院相继下发碳达峰顶层设计文件。其中,《中共中央 国务院关于完整准确全面贯彻新发展理念做好碳达峰碳中和工作的意见》是中央层面推进"双碳"工作的系统谋划和总体部署,《2030 年前碳达峰行动方案》是碳达峰阶段的总体部署。

(一)实施目标引领

为了落实低碳经济增长目标,中国全面加速落实行动。在国家层面成立了碳达峰、碳中和工作领导机构,统筹协调双碳工作顶层设计。

第一,将碳达峰目标纳入国民经济和社会发展规划。

中央政府作为碳达峰、碳中和行动中的主导者、监督者和政策制定者,首先需要将碳达峰目标纳入国民经济和社会发展规划,组织编制和实施相关的中长期专项规划和年度计划。中国是全球气候变化的参与者、贡献者和引领者。中国政府从本国国情和发展阶段的特征出发,实施积极应对气候变化国家战略,把应对气候变化有机融入国家经济社会发展中长期规划和生态文明建设整体布局,通过法律、行政、技术、市场等多种手段,加快推进绿色低碳发展,主动控制温室气体排放。

从国内来看,《中共中央关于制定国民经济和社会发展第十四个五年规划和二〇三五年远景目标的建议》明确指出,到 2035 年基本实现社会主义现代化,广泛形成绿色生产生活方式,二氧化碳排放达峰后稳中有降,生态环境根本好转,美丽中国建设目标基本实现。

《中华人民共和国国民经济和社会发展第十四个五年规划和 2035 年远景目标纲要》没有给出未来五年我国经济增长和能源消费总量的具体目标。鉴于国内外经济社会形势的不稳定性和不确定性,"十四五"规划建议经济增长目标要"保持在合理区间、各年度视情况提出"(表 10-1)。另外,"十四五"规划中提出要"完善能源消费总量和强度双控制度,重点控制化石能源消费",也没有明确提出能源消费总量。

表 10-1 中国未来三个五年规划目标

项目	"十四五"规划目标	"十五五"规划目标	2035 年规划目标
GDP 年增长率(年均增速)/%	合理区间		基本实现社会主义现代化
服务业增加值占比/%			
常住人口城镇化率/%	65		
能耗强度下降率(累计)/%	13.5*		
期末能源消费总量/亿 t 标准煤当量	合理控制	<60*	
非化石能源/%	20*	25*	
煤炭/%			
煤炭消费量/亿 t	严控增长	逐步减少	
天然气/%		15	
石油/%		峰值平台期	
能耗增长率			
碳强度下降率(累计)/%	18*		
碳强度比 2005 年累计下降/%		>65*	

注:*表示约束性指标。

在我国的五年规划目标中,有些是预期性的,有些是约束性的。预期性指标是国家期望的发展目标,主要依靠市场主体的自主行为来实现;约束性指标强化了政府必须履行的职责,是政府必须实现、必须完成的指标。近些年来,经济社会发展目标多是预期性的,而资源环境目标多是约束性的。另外,五年规划目标多数保证底线或留有余地,一般情况下都会超额完成。例如,碳强度下降目标每次都超额完成。但是,也有一些目标没有完成,例如,"十一五"规划提出能耗强度下降20%,实际完成了19.1%。

第二,对碳达峰工作做出系统部署。

在我国更新国家自主贡献目标,提出2030年前实现碳达峰以后,中央政府制定了碳达峰的顶层设计方案。2021年9月,中共中央和国务院发布了《中共中央 国务院关于完整准确全面贯彻新发展理念做好碳达峰碳中和工作的意见》;2021年10月国务院印发了《国务院关于印发2030年前碳达峰行动方案的通知》。这两份文件重申了我国"十四五""十五五"期间碳减排的主要目标:到2025年,单位国内生产总值二氧化碳排放比2020年下降18%,单位国内生产总值能源消耗比2020年下降13.5%;到2030年,单位国内生产总值二氧化碳排放比2005年下降65%以上,二氧化碳排放量达到峰值并实现稳中有降,单位国内生产总值能耗大幅下降,顺利实现2030年前碳达峰目标(表10-2)。

表10-2 我国强化应对气候变化行动目标

2015年国家自主贡献原内容	2021年国家自主贡献更新内容	国内实施	
		目标	已有政策支持
到2020年,单位国内生产总值二氧化碳排放量比2005年下降40%~45%。2030年左右二氧化碳排放达到峰值并争取尽早达峰,单位国内生产总值二氧化碳排放比2005年下降60%~65%	二氧化碳排放力争于2030年前达到峰值,努力争取2060年前实现碳中和。到2030年,中国单位国内生产总值二氧化碳排放将比2005年下降65%以上。统筹建立二氧化碳排放总量控制制度。研究实施非二氧化碳温室气体控排行动方案,继续完善非二氧化碳温室气体,逐步建立健全非二氧化碳温室气体排放统计核算体系、政策体系和管理体系	到2025年,单位国内生产总值二氧化碳排放比2020年下降18%,单位国内生产总值能源消耗比2020年下降13.5%。到2030年,单位国内生产总值二氧化碳排放比2005年下降65%以上,二氧化碳排放量达到峰值并实现稳中有降。单位国内生产总值能耗大幅下降;顺利实现2030年前碳达峰目标。加强甲烷等非二氧化碳温室气体管控	《中共中央 国务院关于完整准确全面贯彻新发展理念做好碳达峰碳中和工作的意见》。国务院《2030年前碳达峰行动方案》

《中共中央 国务院关于完整准确全面贯彻新发展理念做好碳达峰碳中和工作的意见》,是新发展理念指导下做好碳达峰碳中和工作的系统部署,是管总体管长远的纲领性文件。《2030年前碳达峰行动方案》聚焦"十四五"和"十五五"两个关键五年,明确各地区、各领域、各行业推进碳达峰具体任务部署。这两份文件对破解中国经济增长过程中的碳排放约束具有

十分重要的指导意义。当前,我国双碳"1+N"政策体系已初步建成。从顶层设计来看,"1+N"政策体系由"1"和"N"政策构成。其中,《中共中央 国务院关于完整准确全面贯彻新发展理念做好碳达峰碳中和工作的意见》和《2030年前碳达峰行动方案》为"1+N"政策体系中的"1",即顶层设计文件。《2030年前碳达峰行动方案》中提出的十大行动明确了"N"的政策范围,包括能源、工业、城乡建设、交通运输等行业碳达峰实施方案,科技支撑、碳汇能力、统计核算、督察考核等支撑措施和财政、金融、价格等保障政策,以及各地方实施的"双碳"政策。

中央政府面对的不仅仅是各级地方政府,还要考虑不同的行业部门。中央政府在制定规划、出台各类政策和办法时,首先与地方政府、各类行业部门等行动主体密切互动,最大化地达成共识并形成方案,引导地方政府、行业部门和企业履行义务,达到碳减排的指标要求,最终落实这些共识和方案的是地方政府、行业部门及各类企业。

在能源领域,中央顶层设计方案提出要加快构建清洁低碳安全高效能源体系。主要目标包括:到2025年,非化石能源消费占比达到20%左右,到2030年,非化石能源消费占比达到25%左右;"十四五"时期严控煤炭消费增长,"十五五"时期逐步减少煤炭消费;石油消费"十五五"时期进入峰值平台期(表10-3)。

表10-3 我国低碳能源体系目标

2015年国家自主贡献原内容	2021年国家自主贡献更新内容	国内实施	
		目标	已有政策支持
到2020年,非化石能源占一次能源消费占比达到15%左右。控制煤炭消费总量,加强煤炭清洁利用。扩大天然气利用规模,到2020年天然气占一次能源消费占比达到10%以上,煤层气产量力争达到300亿m^3	严控煤电项目,"十四五"时期严控煤炭消费增长,"十五五"时期逐步减少煤炭消费。到2030年,非化石能源占一次能源消费占比将达到25%左右	到2025年,非化石能源消费占比达到20%左右;到2030年达到25%左右。"十四五"时期严控煤炭消费增长,"十五五"时期逐步减少煤炭消费。严格控制新增煤电项目。推进散煤替代,逐步减少直至禁止散煤燃烧。石油消费"十五五"时期进入峰值平台期。2050年,能源消费总量基本稳定,非化石能源占比超过一半。2060年,非化石能源消费占比达到80%以上	《中共中央 国务院关于完整准确全面贯彻新发展理念做好碳达峰碳中和工作的意见》。国务院《2030年前碳达峰行动方案》

中央政府在发布的"双碳"实施意见中明确指出,要推进经济社会发展全面绿色转型,强化绿色低碳发展规划引领,要以经济增长和碳达峰为双目标,推动经济社会全面绿色转型和高质量发展,推动能源转型和利用效率提高。

第三,把碳达峰纳入生态文明建设整体布局。

2021年3月15日,习近平总书记主持召开中央财经委员会第九次会议并强调,实现碳达峰、碳中和是一场广泛而深刻的经济社会系统性变革,要把碳达峰、碳中和纳入生态文明建设整体布局，拿出抓铁有痕的劲头，如期实现2030年前碳达峰、2060年前碳中和的目标。

党的二十大强调积极稳妥推进"双碳"进程。"双碳"目标首次被写入中国共产党全国代表大会报告。在党的中央会议上突出碳达峰目标，使碳达峰目标越来越清晰。"双碳"战略目标的提出是在2020年，因此，与绿色、低碳相关内容在往届党的全国代表大会报告中主要体现在生态文明部分。不同于前两届大会"生态文明"的表述，党的二十大报告明确列出"绿色发展"一节，并将"双碳"行动作为绿色发展的重点任务之一予以单独部署。党的二十大报告正文提出，"积极稳妥推进碳达峰碳中和，立足我国能源资源禀赋，坚持先立后破，有计划分步骤实施碳达峰行动"。

（二）分阶段稳步推进

中国实现低碳经济增长在很大程度上可以看作是中央政府主导和控制下的机制设计和制度安排问题。关于在2030年前实现碳达峰，研究的焦点并不在于提出多种路径，而是提出与实现碳达峰目标相衔接有力度的碳减排约束性指标和可行路径，分阶段有步骤地稳步推进。

中国实现碳达峰，实际上有三个五年规划期（图10-2）。"十四五"是达峰准备期，碳排放增长缓慢；"十五五"是达峰期，碳排放出现拐点；"十六五"是峰值平台期，碳排放稳中有降。"十四五"以强度控制为主，总量控制为辅；到"十五五"的时候，基本上把二氧化碳总量控制这套制度建立起来。

图10-2 中国落实低碳经济增长的阶段性目标

从短期来看，"十四五"时期是去碳化进程的关键期。这五年的转型力度与路径决定了我国能否更早实现国家自主贡献提出的达峰目标；同时，"十四五"也是全面建设社会主义现代化国家开局起步的关键时期。需要对照2035年及21世纪中叶这些中长期目标，做好这五年的经济工作。

要实现碳排放提前达峰的承诺，主要任务要落在"十四五"时期。"十四五"时期，我国生态文明建设以降碳为重点,推动减污降碳协同增效、促进经济社会发展全面绿色转型,构建绿色低碳经济体系。我国也希望通过"十四五"规划目标回应国际社会的关注和期待。比如说,国际社会要求中国提出更细化的具体措施,不仅要有远景目标,而且要提出近期更为紧迫的行动计划,以便让目标更好地发挥引领作用。

但是,中国能不能在2030年前实现碳达峰,需要从事后进行判断。如果中国在"十六五"期间碳排放出现反弹并超过此前的峰值,那么中国碳排放在2030年前就无法达峰。习近平总书记在2020年的第七十五届联合国大会一般性辩论上作出的"双碳"的承诺,本质是要控制温室气体,控制二氧化碳排放,在达峰之前总量可以适度增加,但是达峰之后总量不能再增加。目前,中央顶层设计方案没有提出"十六五"期间的具体降碳目标。现有顶层设计方案提出了2050年和2060年的碳减排和碳中和目标,包括:2050年能源消费总量基本稳定,非化石能源占比超过一半;2060年非化石能源消费占比达到80%以上。在"十四五"期间碳排放仍在增长的趋势下,我国要在2030年前实现碳达峰,就需要在"十五五"期间碳强度的下降率非常接近甚至赶上GDP的增长率,并且在"十六五"期间碳强度的下降率整体超过GDP的增长率。

最后,目前确定的阶段性路径并不是一成不变的,需要根据实际情况进行调整。如果"十四五"期间经济增长速度和碳减排目标完成情况较好,超过了原定目标,那么"十五五"期间的经济增长目标和碳减排目标都可以适当放松;相反,如果"十四五"期间经济增长速度和碳减排目标完成情况不理想,那么"十五五"期间经济增长目标和碳减排目标还需要提高。

三、相关部委

为推动实现碳达峰目标,中央政府发布的"1+N"政策体系包含了行业层面碳达峰的要求。例如,在工业领域,推动钢铁、有色金属、建材、石化化工行业碳达峰,遏制高能耗、高排放(简称"两高")项目盲目发展。"十四五"时期,规模以上工业单位增加值能耗下降13.5%,与全国平均水平持平;到2025年,规模以上工业单位增加值二氧化碳排放量比2015年下降40%,也与全国平均水平基本持平。在电力生产领域,严控新增煤电项目,到2030年,非化石能源发电量占全部发电量的比重力争达到50%,电力去碳化完成50%。

但是,中央政府的政策要求是总体性的,还需要相关部委或行业主管部门制定更具体的、操作性更强的政策。考虑中国实施的是全行业减碳,行业覆盖面更广。

(一)机制设计

节能减排与企业逐利行为及个人消费自主性之间存在矛盾,高耗能、高碳排放企业和消费人群较难自主、自觉地参与碳达峰碳中和愿景建设。因此,相关部委需要制定激励性政策,引导微观个体的行为。

第一,相关部委陆续发布了相关政策。

从行业领域来看,重点工业、城乡建设和科技支撑领域的碳达峰实施方案均已发布(表10-4)。尽管能源领域的碳达峰实施方案暂未公布,多部与能源相关的"双碳"政策文件已经相继出台,如《"十四五"现代能源体系规划》《氢能产业发展中长期规划(2021—2035年)》《"十四五"可再生能源发展规划》等。部分重点行业已经发布"双碳"相关文件,如钢铁行业

《关于促进钢铁工业高质量发展的指导意见》确定 2030 年碳达峰目标,石化化工行业《工业和信息化部 国家发展和改革委员会 科学技术部 生态环境部 应急管理部 国家能源局关于"十四五"推动石化化工行业高质量发展的指导意见》提出到 2025 年绿色安全低碳发展布局。此外,能源、交通运输和建材等领域或行业的碳达峰实施方案预期陆续公布,进一步完善"双碳"政策体系。

表 10-4 行业主管部门发布的相关低碳发展政策

行业		发布时间	政策文件
能源	综合发展	2022 年 1 月	《关于完善能源绿色低碳转型体制机制和政策措施的意见》
		2022 年 3 月	《"十四五"现代能源体系规划》
	降碳	2022 年 1 月	《"十四五"节能减排综合工作方案》
		2022 年 2 月	《高耗能行业重点领域节能降碳改造升级实施指南》
	煤炭	2022 年 5 月	《煤炭清洁高效利用重点领域标杆水平和基准水平(2022 年版)》
		2022 年 8 月	《关于进一步提升煤电能效和灵活性标准的通知》
	清洁能源	2022 年 3 月	《氢能产业发展中长期规划(2021—2035)》
		2022 年 3 月	《"十四五"新型储能发展实施方案》
		2022 年 6 月	《"十四五"可再生能源发展规划》
生态环境	降碳	2021 年 5 月	《关于开展重点行业建设项目碳排放环境影响评价试点的通知》
		2022 年 6 月	《减污降碳协同增效实施方案》
工业	综合发展	2021 年 12 月	《"十四五"工业绿色发展规划》
	降碳	2022 年 6 月	《工业能效提升行动计划》
		2022 年 8 月	《工业领域碳达峰实施方案》
	钢铁	2022 年 1 月	《关于促进钢铁工业高质量发展的指导意见》
	建筑	2022 年 1 月	《"十四五"建筑业发展规划》
	石化	2022 年 4 月	《关于"十四五"推动石化化工行业高质量发展的指导意见》
城乡建设	综合发展	2021 年 10 月	《关于推动城乡建设绿色发展的意见》
		2022 年 7 月	《"十四五"新型城镇化实施方案》
		2022 年 7 月	《"十四五"全国城市基础设施建设规划》
	降碳	2022 年 7 月	《城乡建设领域碳达峰实施方案》
交通运输	综合发展	2022 年 1 月	《"十四五"现代综合交通运输体系发展规划》
		2022 年 1 月	《绿色交通"十四五"发展规划》
	标准	2022 年 8 月	《绿色交通标准体系》
	民航	2022 年 9 月	《2022 中国民航绿色发展政策与行动》
农业农村	综合发展	2021 年 11 月	《农业农村部关于拓展农业多种功能促进乡村产业高质量发展的指导意见》
		2022 年 2 月	《"十四五"推进农业农村现代化规划》

续表 10-4

行业		发布时间	政策文件
消费	公共机构	2021 年 11 月	《深入开展公共机构绿色低碳引领行动促进碳达峰实施方案》
	消费主体	2022 年 1 月	《促进绿色消费实施方案》
碳汇能力	林业	2021 年 12 月	《林业碳汇项目审定和核证指南》
	海洋	2022 年 2 月	《海洋碳汇经济价值核算方法》
	农业农村	2022 年 6 月	《农业农村减排固碳实施方案》

行业政策不仅有责任和义务类,也有发展类。例如,有许多综合发展类的政策。此外,保障性政策也非常重要。碳汇能力、统计核算、督察考核和保障政策领域也已发布多项文件,支撑和保障"双碳"政策体系稳步推进,碳达峰、碳中和目标顺利实现(表 10-5)。

表 10-5　行业主管部门发布的相关低碳发展保障性政策

行业		发布时间	政策文件
科技支撑	能源	2021 年 11 月	《"十四五"能源领域科技创新规划》
	降碳	2022 年 8 月	《科技支撑碳达峰碳中和实施方案(2022—2030 年)》
信息披露	管理办法	2021 年 12 月	《企业环境信息依法披露管理办法》
	格式准则	2021 年 12 月	《企业环境信息依法披露格式准则》
统计核算	核算方法	2022 年 3 月	《企业温室气体排放核算方法与报告指南发电设施(修订版)》
	报告管理	2022 年 3 月	《关于做好 2022 年企业温室气体排放报告管理相关重点工作的通知》
	核算体系	2022 年 8 月	《关于加快建立统一规范的碳排放统计核算体系实施方案》
	计量体系	2022 年 10 月	《建立健全碳达峰碳中和标准计量体系实施方案》
标准化	能源	2022 年 10 月	《能源碳达峰碳中和标准化提升行动计划》
督察考核	央企	2021 年 11 月	《关于推进中央企业高质量发展做好碳达峰碳中和工作的指导意见》
	民企	2022 年 1 月	《关于引导服务民营企业做好碳达峰碳中和工作的意见》
保障政策	金融	2021 年 12 月	《实施绿色低碳金融战略　支持碳达峰碳中和行动方案》
	财政	2022 年 5 月	《财政支持做好碳达峰碳中和工作的意见》
	税费	2022 年 5 月	《支持绿色发展税费优惠政策指引》
	银行保险	2022 年 5 月	《银行业保险业绿色金融指引》

工业、交通和建筑等行业是减碳的重点领域。针对高耗能行业碳减排问题,国家发展和改革委员会(简称"发改委")陆续发布了《关于严格能效约束推动重点领域节能降碳的若干意见》和《高耗能行业重点领域节能降碳改造升级实施指南(2022 年版)》,通过实施节能降碳行动,为重点行业如期实现碳达峰目标提供有力支撑。工业和信息化部(简称"工信部")要求,到 2025 年,单位工业增加值二氧化碳排放降低 18%,与全国平均水平持平,钢铁、有色金属、建材等重点行业碳排放总量控制取得阶段性成果,规模以上工业单位增加值能耗降低 13.5%,与全国平均水平持平,结合不同行业技术现状和发展趋势,力争有条件的行业率先实

现碳达峰。在钢铁这个单一碳排放量最高的行业,到 2025 年,电炉钢产量占粗钢总产量比例提升至 15% 以上,吨钢综合能耗降低 2% 以上,确保 2030 年前碳达峰。在交通行业,汽车排放标准日趋严格,到 2025 年,新能源汽车新车销售量达到汽车新车销售总量的 20% 左右,新车平均燃料消耗量乘用车降到每百千米 4.0L;到 2035 年,纯电动汽车成为新销售车辆的主流,公共领域用车全面电动化。在建筑领域,到 2025 年,城镇新建建筑全面执行绿色建筑标准,城镇建筑可再生能源替代率达到 8%,新建公共机构建筑、新建厂房屋顶光伏覆盖率力争达到 50%;到 2030 年,大型公共建筑制冷能效提升 30%。

国务院国资委要求中央企业"一企一策"制定碳达峰行动方案。2022 年 10 月,国资委要求中央企业有力有序推进碳达峰、碳中和重点工作,明确要"一企一策"制定碳达峰行动方案,着力推进产业结构转型升级,调整优化能源结构,强化绿色低碳科技创新和推广应用,推进减污降碳协同增效。

坚持 2030 年前碳达峰目标,奠定中国"双碳"发展基调。2021 年 10 月,国务院发布《2030 年前碳达峰行动方案》,强调"稳妥有序、循序渐进,确保安全降碳"。截至 2022 年 5 月底,已制定双碳政策的行业领域所覆盖的碳排放量约占全国的 95%。

第二,稳妥有序推进全国碳排放权交易市场建设。

目前,碳市场正在成为我国碳达峰有效的市场经济手段。据统计,中国八大高耗能行业(发电、石化、化工、建材、钢铁、有色、造纸、航空)中年能耗 1 万 t 标准煤及以上的企业大约有 7000 家。估计这些企业的碳总排放量占工业部门碳排放量的 75% 以上。管住了这 7000 家左右的企业,就管住了工业部门碳排放的大头,同时,政府的管理成本也在可接受的范围内。

要通过碳市场对所有重点行业规定排放限额,设定减排目标。全国碳市场第一个履约周期只纳入了发电行业。生态环境部数据显示,全国碳市场第一个履约周期共纳入发电行业重点排放单位 2162 家,年覆盖温室气体排放量约 45 亿 t 二氧化碳,已经是全球规模最大的碳市场。在"十四五"期间,会逐步完成除发电行业外的其他 7 个重点能耗行业的纳入。预计完成八大行业覆盖之后,全国碳市场的配额总量有可能会从目前的 45 亿 t 扩容到 70 亿 t,覆盖我国二氧化碳排放总量的 60% 以上。我国已连续多年开展钢铁、有色、建材、石化、化工、造纸和航空等高排放行业的碳排放数据核算、报告和核查,为扩大碳市场行业覆盖范围打好了基础。

建立基于碳排放总量控制的碳市场。有约束性的总量控制是提高当前碳市场效率的重要制度。碳市场能够为控制温室气体排放政策的制定提供依据。不断提升的碳价格市场信号和不断加严的碳排放总量控制预期,倒逼企业完成低碳转型。企业是追求自身经济利益最大化的市场主体,在生产过程中能源的消耗直接导致二氧化碳的排放,因而也是承担碳减排任务的直接主体。不论是生产型的企业还是服务型的企业,都是为消费者提供消费产品或服务。碳排放的压力多由企业,尤其是生产型企业承担。当碳减排目标作为硬性指标下达到企业时,企业一方面在追求自身合理的利润,另一方面通过技术改进、转型升级等各种方式承担相应的碳减排责任。在这个意义上,生产型企业需要逐步改变产品结构,全过程地创新技术,淘汰落后产能,降低能耗,才能推进低碳经济发展,也才能在实现碳达峰目标的前提下,实现利益最大化,不被市场淘汰。

第三，培育绿色低碳生活方式。

广大社会成员构成了一个庞大的消费群体，是消费领域中最大的碳排放主体，因而也是承担碳减排的重要主体。广大社会成员进行着衣食住行等丰富、多元的消费选择，消费导致新的需求，新的需求引发生产，消费和生产进一步导致碳排放。迈向碳达峰、碳中和目标并不是不让广大社会成员消费，而是要求其选择绿色低碳生活方式、消费方式，最大化减少碳排放。

开展全方位、深层次、多角度的应对气候变化宣传，倡导形成简约适度、绿色低碳的生活方式和消费方式。行业主管部门的作为，如绿色标准的健全，对选择购买"低碳交通工具"的社会成员实施价格补贴和税收优惠，对选择"低碳"出行方式的公众进行"低碳交通"补贴等，将鼓励消费者更多地进行绿色消费，更顺畅地实现生活方式的转变。

（二）工业部门应率先实现碳达峰

绿色低碳转型是一个涉及整个系统方方面面的非常深刻的革命。这对中国经济来说是一个新的约束条件，但同时也是一个很大的创新和增长赛道。要实现碳达峰、碳中和目标，能源生产和消费结构的低碳化转型、工业部门的降碳、交通运输领域的电动化和氢动化、推行城市绿色低碳建筑和整个社会经济的深度节能，应该成为根本的出路。其中，重点行业需要明确二氧化碳排放达峰规划，并做出示范。工业部门要争取在2025年左右实现碳达峰（图10-3）。

图 10-3　中国落实低碳经济增长的行业性目标

目前，行业主管部门的相关政策中还没有工业部门率先实现碳达峰的要求。以工信部、发改委和生态环境部联合印发的《工业领域碳达峰实施方案》为例，提出的总体目标是：到 2025 年，规模以上工业单位增加值能耗较 2020 年下降 13.5%，单位工业增加值二氧化碳排放下降幅度大于全社会下降幅度，重点行业二氧化碳排放强度明显下降；"十五五"期间，产业结构布局进一步优化，工业能耗强度、二氧化碳排放强度持续下降，努力达峰削峰，在实现工业领域碳达峰的基础上强化碳中和能力，基本建立以高效、绿色、循环、低碳为重要特征的现代工业体系，确保工业领域二氧化碳排放在 2030 年前达峰。这份文件要求的是工业领域二氧化碳排放在 2030 年前达峰，与全国整体达峰时间一致。

全国碳排放权交易市场或许可以促使工业部门率先碳达峰。目前，中国的全国碳市场总体上是一个基于强度的碳市场，而不是一个基于总量的碳市场。碳市场管控的碳排放量不仅包括现场产生的直接碳排放量，也包括企业消费电力和热力引起的间接碳排放量。"十四五"期间，全国碳市场要完成对 8 个重点高耗能高排放企业的全覆盖，并实现由基于强度的碳市场向基于总量的碳市场的转变。"十五五"期间，按"稳中有降"的原则，设定全国碳市场配额总量并逐步扩大有偿配额分配比例，使工业部门率先实现碳达峰。

四、地方政府

地方政府是落实国家碳达峰目标任务的责任主体。没有各级地方政府的配合落实，中央政府落实碳达峰目标的任务就成为空中楼阁。但是，碳减排的指标下达到各级地方政府时，由于各地经济发展阶段和水平、产业结构和布局、能源结构，以及就业结构不同，不同地方政府在执行任务的过程中会面临不同的挑战。未来碳减排责任的落实在于各级政府的主动配合，既要落实目标责任，又要因地制宜兼顾发展。

省级政府是地方经济社会发展的主要政策制定方、推动者，也是引领政策和机制改革的关键力量。鉴于省级政府在落实中央政策中的重要地位，各省级政府的转型雄心和行动力，也将决定中国碳达峰行动的实际成效和绿色低碳革命的深度。

（一）考核要求

在中国市场中，政治与人事的决策通常是高度中心化的。决策层负责任命并评估地方政府官员，但具体的行政与经济实务大部分下放给当地政府。中央政府与地方政府纵向行政分权改革使地方政府成为具有双重职能的角色，塑造了地方政府这个具有特殊身份和职能的主体，既可以行使政府的公共行政管理职能，又能直接参与企业的市场活动。地方政府可以为了增加自身的利益而倾向于利用手中的行政权力，运用产业政策追求市场盈利，而不是追求生态环境等其他目标，以在短期内获取最有利于己的产值和财政收入等。

在干部任免制度上，对地方政府官员政绩的传统考核评价方式使其具有锦标赛性质的外在压力。传统上，以增长主义倾向和理念设计的标准体系、统计体系、评价体系、政绩考核体系等，必将直接引导地方政府官员过度重视本地区行政边界内的经济增长，而较少关注区域内的生态环境和居民福利等问题。因此，加快构建适应我国经济高质量发展的指标体系、财税政策支持体系、统计体系、业绩考核评价体系，构建有利于支持高质量发展的机制格局，就显得非常紧迫。

对地方政府党政官员的考核，从注重经济增长转向注重低碳增长。低碳增长是双重目标，既要增长，又要低碳，是双轨竞争。党中央将碳达峰纳入生态文明建设整体布局，对地方党政领导进行严格监督考核。如果经济增长是锦标赛，那么碳减排就是淘汰赛。生态环境部门将碳达峰纳入中央环保督察，本质上是督政。

从规划的角度来看，从中央到地方，应对气候变化的政策文本都很详尽。但是，政策落实到基层以后，执行效果如何还存在不确定性。这与气候治理工作的性质有一定关系。毕竟，最初提出气候治理目标源于外部因素，压力主要来自国际谈判，跟国内经济发展、民生改善等工作的关联性并不强。以往，碳强度下降目标的考核对象是省级人民政府，省级人民政府将目标和任务层层分解下达，落实到基层。现在，实现2030年前二氧化碳排放达峰目标的考核对象包括党委，是党政同责，党委领导也要承担责任。

（二）达峰方案

地方自主探索碳达峰方案是实现全国碳达峰的必然途径。一方面，各地需要结合各自的资源禀赋、发展阶段、产业结构等特点探索合适的达峰路径；另一方面，地方自主探索有利于地方因地制宜推动能源生产和消费革命、经济高质量发展和生态环境高水平保护。但是，一些地方对碳达峰的理解出现了偏差，一种是把碳达峰片面理解为碳减排，采取拉闸限电、限制发展的方式实现减排；另一种是"碳冲锋"，对高耗能、高排放项目大干快上。2021年10月，国务院发布《2030年前碳达峰行动方案》，要求省、自治区和直辖市政府"按照国家总体部署，结合本地区资源环境禀赋、产业布局、发展阶段等，坚持全国一盘棋，不抢跑，科学制定本地区碳达峰行动方案"。

地方政府需要研究提出实现碳达峰的方案。在国家"双碳"转型目标既定、低碳政策体系日益完善的趋势下，省级政府需要研究提出实现碳达峰的重大政策与行动，包括经济结构、产业结构、能源结构如何低碳化转型，建筑、交通等部门如何低碳发展等。此外，地方还需要探索实施碳排放总量控制、行业碳排放标准、项目碳排放评价、碳排放准入与退出等相关制度、标准和机制。

在2022年下半年，各省（自治区、直辖市）纷纷制定碳达峰实施方案。各省（自治区、直辖市）在碳达峰实施方案中提出2025年和2030年的主要目标，大多数确保如期实现2030年前碳达峰目标。同时，各省（自治区、直辖市）结合省内工业、能源、科技等特点制定具有自身特色的碳达峰任务措施、碳达峰十大行动等重点任务，助力实现碳达峰目标。据统计，截至2022年下半年，已有15个省（自治区、直辖市）正式印发了碳达峰实施方案，包括北京、上海、天津、江苏、湖南等（表10-6）。其余省（自治区、直辖市）也正在推进实施方案的公布工作。

表 10-6　不同省(自治区、直辖市)碳达峰实施方案

文件	2025 年目标	2030 年目标
北京市碳达峰实施方案	可再生能源消费占比达到 14.4% 以上，单位生产总值能耗比 2020 年下降 14%，单位生产总值二氧化碳排放下降确保完成国家下达目标	可再生能源消费占比达到 25% 左右，单位生产总值二氧化碳排放下降确保完成国家下达目标，确保如期实现 2030 年前碳达峰目标
上海市碳达峰实施方案	非化石能源消费占比力争达到 20%，单位生产总值能耗比 2020 年下降 14%，单位生产总值二氧化碳排放下降确保完成国家下达指标	非化石能源消费占比力争达到 25%，单位生产总值二氧化碳排放比 2005 年下降 70%，确保 2030 年前实现碳达峰
天津市碳达峰实施方案	非化石能源消费占比力争达到 11.7% 以上，单位生产总值能耗和二氧化碳排放确保完成国家下达指标	非化石能源消费占比力争达到 16% 以上，单位生产总值能耗大幅下降，单位生产总值二氧化碳排放比 2005 年下降 65% 以上
江苏省碳达峰实施方案	非化石能源消费占比达到 18%，单位生产总值能耗比 2020 年下降 14%，单位生产总值二氧化碳排放完成国家下达的目标任务	非化石能源消费占比持续提升，单位生产总值能耗持续大幅下降，单位生产总值二氧化碳排放比 2005 年下降 65% 以上，2030 年前二氧化碳排放达到峰值
湖南省碳达峰实施方案	非化石能源消费占比达到 22% 左右，单位生产总值能源消耗和二氧化碳排放下降确保完成国家下达目标	非化石能源消费占比达到 25% 左右，单位生产总值能源消耗和二氧化碳排放下降完成国家下达目标，顺利实现 2030 年前碳达峰目标
宁夏回族自治区碳达峰实施方案	非化石能源消费占比达到 15% 左右，单位生产总值能源消耗和二氧化碳排放下降确保完成国家下达目标	非化石能源消费占比达到 20% 左右，碳达峰目标顺利实现
江西省碳达峰实施方案	非化石能源消费占比达到 18.3%，单位生产总值能源消耗和二氧化碳排放下降确保完成国家下达指标	非化石能源消费占比达到国家确定的江西省目标值，顺利实现 2030 年前碳达峰目标
海南省碳达峰实施方案	非化石能源消费占比提高至 22% 以上，单位生产总值能源消耗和二氧化碳排放下降确保完成国家下达目标	非化石能源消费占比力争提高至 54% 左右，单位生产总值二氧化碳排放比 2005 年下降 65% 以上，顺利实现 2030 年前碳达峰目标
吉林省碳达峰实施方案	非化石能源消费占比达到 17.7%，单位生产总值能源消耗和二氧化碳排放确保完成国家下达目标任务	非化石能源消费占比达到 20% 左右，单位生产总值二氧化碳排放比 2005 年下降 65% 以上，确保 2030 年前实现碳达峰

续表 10-6

文件	2025 年目标	2030 年目标
内蒙古自治区碳达峰实施方案	非化石能源消费占比提高到 18%，单位生产总值能源消耗和二氧化碳排放下降率完成国家下达的任务	非化石能源消费占比提高到 25% 左右，单位生产总值能源消耗和二氧化碳排放下降率完成国家下达的任务，顺利实现 2030 年前碳达峰目标
贵州省碳达峰实施方案	非化石能源消费占比达到 20% 左右，力争达到 21.6%，单位生产总值能源消耗和二氧化碳排放下降确保完成国家下达指标	非化石能源消费占比提高到 25% 左右，单位生产总值二氧化碳排放比 2005 年下降 65% 以上，确保 2030 年前实现碳达峰目标
云南省碳达峰实施方案	非化石能源消费占比不断提高，单位生产总值能源消耗和二氧化碳排放下降确保完成国家下达目标	单位生产总值能源消耗和二氧化碳排放持续下降，力争与全国同步实现碳达峰
安徽省碳达峰实施方案	非化石能源消费占比达到 15.5% 以上，单位生产总值能耗比 2020 年下降 14%，单位生产总值二氧化碳排放降幅完成国家下达目标	非化石能源消费占比达到 22% 以上，单位生产总值能耗大幅下降，单位生产总值二氧化碳排放比 2005 年下降 65% 以上，二氧化碳排放量达到峰值后稳中有降
黑龙江省碳达峰实施方案	非化石能源消费占比提高至 15% 左右，单位生产总值能源消耗和二氧化碳排放下降确保完成国家下达目标	非化石能源消费占比达到 20% 以上，单位生产总值能耗和二氧化碳排放大幅下降，顺利实现 2030 年前碳达峰目标
辽宁省碳达峰实施方案	非化石能源消费达到 13.7% 左右，单位地区生产总值能耗比 2020 年下降 14.5%，单位生产总值二氧化碳排放比 2020 年下降确保完成国家下达指标	非化石能源消费占比达到 20% 左右，单位生产总值二氧化碳排放比 2005 年下降达到国家要求

从已经公布的碳达峰实施方案来看，"梯次有序"的格局并不清晰。东部地区的省（直辖市），北京、上海、江苏、海南都计划在 2030 年前碳达峰，天津没有明确 2030 年前碳达峰目标；中部地区的省份，湖南、江西和安徽都是在 2030 年前碳达峰；西部地区的省（自治区），宁夏、内蒙古、贵州、云南也是在 2030 年前或力争 2030 年前实现碳达峰；东北三省，吉林和黑龙江提出确保 2030 年前碳达峰，辽宁没有明确 2030 年前碳达峰目标。

（三）东部地区应该率先达峰

不同地区应该开展差异化碳达峰。全国各地区资源禀赋、经济发展程度、产业布局存在差别。实现二氧化碳排放达峰，各地区应该有先有后。国家层面上总体目标是 2030 年前碳达峰。在坚持全国一盘棋的原则下，不同区域要开展区域统筹，推进差别化、包容式的协调发展和协调减排，协同推动应对气候变化与经济高质量发展。

东部地区经济比较发达的一些省市，经济转型比较领先，有条件率先达峰，并为其他地区树立示范标杆(图10-4)。根据第三篇的研究,北京、天津和上海已经实现了碳达峰,应该发挥示范作用。西部地区可以稍晚于全国达峰。要避免采取自上而下、层层分解任务的行政手段,避免减碳工作对经济生产造成不必要的干预。

图10-4 中国落实低碳经济增长的地区性目标

五、进一步的讨论

中国实现低碳经济增长在很大程度上可以看作是中央政府主导和控制下的机制设计和制度安排问题。中央政府提出的碳达峰和基本实现社会主义现代化目标清晰,关键是这些目标的落实问题。第一,在宏观层面上,要提出能实现碳达峰及与经济规模翻一番目标相衔接的有力度的约束性指标和可行路径,分阶段有步骤地稳步推进;第二,要分行业、分区域设定差异化达峰路径,列出时间表和路线图,不同部委之间要加强协调,形成部门之间分工方案,推动工业部门率先达峰,同时,要有效激发地方政府的内生动力,促进东部地区率先达峰。

中国低碳经济增长路径以经济转型和能源转型为重点,采用多元化的政策工具。当前,我国双碳"1+N"政策体系已经初步建成,接下来政策完善将更加侧重细分领域。在能耗双控转向碳排放双控的基础上,围绕总量控制,分部门、分行业、分地区制定碳达峰目标,引导相关主体的行为。政府、企业、个人在实现碳达峰的进程中具有重要而又各有侧重的作用,需要科学的政策体系以形成系统有效的激励约束机制。

第十一章　研究结论

在保持经济较快增长的同时实现碳达峰,是我国面临的严峻挑战。按照中国的现代化进程和国家自主贡献目标,中国需要开创一条比欧美等发达国家传统发展路径更为低碳的、在更低收入水平上达到更低碳排放峰值水平的崭新的发展路径。与欧美国家的自然达峰不同,中国实现的是人为达峰。

碳达峰既表示在某一年碳排放量达到最大值,也表示碳排放的趋势性变化。中国需要在"十五五"规划期间达峰,在"十六五"期间进入峰值平台期,二氧化碳排放量稳中有降。如果2030年以后碳排放量继续增长或大幅反弹,那么,2030年前就难以实现碳达峰。

国外已经实现碳达峰的国家的经验对中国没有直接的借鉴意义。由于已经实现碳达峰的国家在许多方面都与中国不同,因此不具备可比性。第一,这些国家碳达峰时经济增速趋缓、能耗增长趋近于零,而中国在碳达峰时经济仍将较快增长,能耗也将会是正的增长。第二,这些国家不是成熟的经济体就是转型的经济体,而中国属于发展中的经济体,在发展阶段和发展模式上有所不同。第三,发达经济体通过将高耗能产业外迁,实行转移排放,而中国不会将高耗能产业外迁,通过转移排放来降低国内的碳排放。第四,这些国家推动能源低碳转型依靠的是天然气的普及,在电力和热力生产部门以及住宅建筑领域部分取代了煤炭,而中国则主要依靠可再生能源的发展。第五,这些国家的碳达峰都属于自然达峰,受到外部事件的冲击,造成经济下行或滑坡,实现碳达峰,而中国是通过政府政策的约束,实现人为达峰。

经济增长是增加碳排放的力量,而碳强度的下降是减少碳排放的力量。如果在"十五五"时期,减少碳排放的力量能赶上增加碳排放的力量,并且在"十六五"期间减少碳排放的力量能超过增加碳排放的力量,那么在2030年前中国就可以实现碳达峰。如果将2030年和2035年我国能源消费量分别控制在60亿t和64亿t标准煤以内,并且煤炭消费量在"十四五"时期达峰,石油消费量在"十五五"时期达峰,在"十六五"期末煤炭、油气和非化石能源在一次能源消费中的占比分别达到40%、30%和30%,那么我国能源消费的碳排放可以在2027年达峰,峰值约107亿t。此外,如果可再生能源发展的力度能超出政策目标要求,那么对能源消费的总量和强度的控制都可以放宽。

实现2030年前碳达峰目标需要顶层设计和系统转型路径,以及考虑不同行业特征的达峰时间表、路线图和优先顺序。虽然中国实施的是全行业碳减排政策,但是碳达峰目标实现的关键是工业行业。如果工业行业碳排放量能在2026年达峰,全国碳排放量就可以在2028年达峰,除工业以外的其他行业比全国达峰时间要晚。要推进钢铁、水泥、石化等高耗能产业的碳达峰,严格控制高耗能产业的扩张。当前这些高耗能产业国内需求基本饱和甚至下降,为控制高耗能产业产能扩张和实现碳达峰创造了条件。我国高耗能行业中年能耗 10 000t 标准煤及以上的企业大约有 7000 家(含发电企业 2000 多家)。管住了这 7000 家左右的企业，就管住了工业部门碳排放的大头。

作为发展中国家，中国的产业结构升级和技术进步对碳排放下降仍会有重要贡献。与国外发达国家相比，中国的工业化进程还没有完成。中国工业在国民经济中占比较高，能耗强度仍然处于世界较高水平。一方面，通过调整产业结构和产品结构，优先发展高新科技产业和现代服务业，同时提高产品附加值，使中国产业在世界产业价值链中的地位不断提升；另一方面，提高能源技术效率，不断降低单位产品的能耗强度。

从区域碳达峰的层面来看，不同区域存在着先后顺序，不能采取"一刀切"的模式。东部地区将率先实现碳达峰，其次是中部地区和东北三省，西部地区最后。东部地区的碳达峰时间将早于全国碳达峰时间，而西部地区将晚于全国碳达峰时间，中部地区和东北三省将与全国碳达峰时间基本保持一致。

如果东部地区能在 2025 年达峰，那么全国就可以在 2029 年实现碳达峰。只有东部地区较发达地区碳排放率先达峰，才能为中西部地区留出一定的碳排放空间，确保在 2030 年前全国整体碳排放达到峰值。东部地区率先达峰的有利条件是经济发展形势较好，新旧动能转换和产业升级比较明显；不利因素在于预期 GDP 增长率越高，实现碳达峰越发困难。东部地区到 2025 年期望 GDP 增长率约为 5.5% 的较高水平，碳强度年下降率需保持相应较高水平。这将远高于发达国家碳达峰时 GDP 增长速度和碳强度下降的速度。碳达峰任务艰巨，需要做出艰苦的努力。

其他地区也要加大碳减排力度，尽早实现碳达峰。中部地区经济社会发展处在全国平均水平，在全国碳达峰的地区中具有代表性。近些年来，中部地区一些省份(如河南和湖北)采取了严格控制煤炭消费的政策。这些控煤政策已经取得了显著的成效，需要进一步保持下去。从长远看，西部能源大省要尽快跳出传统工业化思维，逐步摆脱对化石能源的依赖。内蒙古、新疆、宁夏、贵州等需要采取有力措施转变发展方式，实现从资源依赖走向技术创新。西部能源大省既要保障全国能源供应，又要担起减排降耗的重压，其绿色低碳转型发展面临巨大挑战。东北三省作为老工业基地，需要加快推进产业转型升级和发展接续产业。近些年来，东北三省经济出现了下滑趋势，发展面临着一些困难，实现低碳经济增长的挑战不小。

目前，中国的碳达峰工作已经进入关键期，到 2030 年只有不到 10 年的时间。碳达峰之后只有 30 年的时间去完成碳中和，是已经提出碳中和目标的国家中时间最短的。在碳中和远景下，解决好减排和发展的关系事关第二个百年奋斗目标的实现。

中国实现低碳经济增长的路径有多个维度。在宏观层面上，中央政府要进行规划，然后在行业和地区等中观层面落实。国家层面上，有低碳经济增长这个目标或需求，必须落到行业上、地区上，特别是重点行业、重点地区上，否则，目标难以达成。因此，国家层面的宏观维度和行业、地区层面的中观维度是相互联系的，需要统筹推进。

最后，本项研究不是提出多种路径，而是提出与实现碳达峰目标相衔接的有力度的碳减排约束性指标。以五年规划为基础，从国家、行业、地方层面有步骤地稳步推进。

主要参考文献

白重恩,张琼,2017.中国经济增长潜力预测:兼顾跨国生产率收敛与中国劳动力特征的供给侧分析[J].经济学报(4):1-27.

鲍健强,苗阳,陈锋,2008.低碳经济:人类经济发展方式的新变革[J].中国工业经济(4):153-160.

蔡昉,2013.中国经济增长如何转向全要素生产率驱动型[J].中国社会科学(1):56-71,206.

蔡昉,2019.从中等收入陷阱到门槛效应[J].经济学动态(11):3-14.

蔡昉,2021.生产率、新动能与制造业——中国经济如何提高资源重新配置效率[J].中国工业经济(5):5-18.

蔡昉,都阳,2000.中国地区经济增长的趋同与差异——对西部开发战略的启示[J].经济研究(10):30-37,80.

蔡昉,都阳,王美艳,2008.经济发展方式转变与节能减排内在动力[J].经济研究(6):4-11,36.

柴麒敏,徐华清,2015.基于IAMC模型的中国碳排放峰值目标实现路径研究[J].中国人口·资源与环境(6):37-46.

陈诗一,2009.能源消耗、二氧化碳排放与中国工业的可持续发展[J].经济研究(4):41-55.

陈迎,潘家华,谢来辉,2008.中国外贸进出口商品中的内涵能源及其政策含义[J].经济研究(7):11-25.

崔学勤,王克,邹骥,2016.2℃和1.5℃目标对中国国家自主贡献和长期排放路径的影响[J].中国人口·资源与环境(12):1-7.

丁志国,赵宣凯,苏治,2012.中国经济增长的核心动力——基于资源配置效率的产业升级方向与路径选择[J].中国工业经济(9):18-30.

杜祥琬,杨波,刘晓龙,等,2015.中国经济发展与能源消费及碳排放解耦分析[J].中国人口·资源与环境(12):1-7.

段福梅,2018.中国二氧化碳排放峰值的情景预测及达峰特征——基于粒子群优化算法的BP神经网络分析[J].东北财经大学学报(5):19-27.

樊纲,王小鲁,马光荣,2011.中国市场化进程对经济增长的贡献[J].经济研究(9):4-16.

樊星,李路,秦圆圆,等,2023.主要发达经济体从碳达峰到碳中和的路径及启示[J].气候变化研究进展,19(1):102-115.

范德成,张修凡,2021.基于PSO-BP神经网络模型的中国碳排放情景预测及低碳发展路径研究[J].中外能源(8):11-19.

付允,马永欢,刘怡君,等,2008.低碳经济的发展模式研究[J].中国人口·资源与环境(3):14-19.

公维凤,王传会,周德群,等,2013a.双强度约束下行业低碳经济增长路径优化研究[J].中国人口·资源与环境(6):29-36.

公维凤,周德群,王传会,2013b.省际低碳经济增长路径优化及碳排放脱钩预测[J].科研管理(5):111-120.

龚刚,黄春媛,张前程,等,2013.从技术引进走向自主研发——论新阶段下的中国经济增长方式[J].经济学动态(5):16-26.

郭朝先,2012.产业结构变动对中国碳排放的影响[J].中国人口·资源与环境(7):15-20.

郭朝先,2014.中国工业碳减排潜力估算[J].中国人口·资源与环境(9):13-20.

郭庆旺,贾俊雪,2005.中国全要素生产率的估算:1979—2004[J].经济研究(6):51-60.

国际能源署,2017.世界能源展望中国特别报告[M].北京:石油工业出版社.

何建坤,2013.CO_2排放峰值分析:中国的减排目标与对策[J].中国人口·资源与环境(12):1-9.

何建坤,苏明山,2009.应对全球气候变化下的碳生产率分析[J].中国软科学(10):42-47,147.

洪竞科,李沅潮,蔡伟光,2021.多情景视角下的中国碳达峰路径模拟——基于RICE-LEAP模型[J].资源科学(4):639-651.

胡鞍钢,2021.中国实现2030年前碳达峰目标及主要途径[J].北京工业大学学报(社会科学版)(3):1-15.

黄群慧,2014."新常态"、工业化后期与工业增长新动力[J].中国工业经济(10):5-19.

姜克隽,贺晨旻,庄幸,等,2016.我国能源活动CO_2排放在2020—2022年之间达到峰值情景和可行性研究[J].气候变化研究进展(3):167-171.

姜克隽,胡秀莲,庄幸,等,2009.中国2050年低碳情景和低碳发展之路[J].中外能源(6):1-7.

蒋含颖,段祎然,张哲,等,2021.基于统计学的中国典型大城市CO_2排放达峰研究[J].气候变化研究进展(2):131-139.

金乐琴,吴慧颖,2013.低碳经济转型的轨迹与路径:中日韩的比较及启示[J].经济学家(1):93-99.

科学技术部社会发展科技司,科学技术部中国21世纪议程管理中心,2019.中国碳捕集利用与封存技术发展路线图(2019)[M].北京:科学出版社.

李诗卉,李明煜,王灿,等,2021.中国省级碳排放趋势及差异化达峰路径[J].中国人口·资源与环境(9):45-54.

李扬,张晓晶,2015."新常态":经济发展的逻辑与前景[J].经济研究(5):4-19.

林伯强,蒋竺均,2009.中国二氧化碳的环境库兹涅茨曲线预测及影响因素分析[J].管理世界(4):27-36.

林伯强,李江龙,2015.环境治理约束下的中国能源结构转变——基于煤炭和二氧化碳峰值的分析[J].中国社会科学(9):84-107,205.

林伯强,孙传旺,2011.如何在保障中国经济增长前提下完成碳减排目标[J].中国社会科学(1):64-76,221.

林毅夫,苏剑,2007.论我国经济增长方式的转换[J].管理世界(11):5-13.

林毅夫,文永恒,顾艳伟,2022.中国经济增长潜力展望:2020—2035、2035—2050[J].金融论坛(6):3-15.

刘博文,张贤,杨琳,2018.基于LMDI的区域产业碳排放脱钩努力研究[J].中国人口·资源与环境(4):78-86.

刘伟,蔡志洲,2018.新时代中国经济增长的国际比较及产业结构升级[J].管理世界(1):16-24.

刘伟,陈彦斌,2020.2020—2035年中国经济增长与基本实现社会主义现代化[J].中国人民大学学报(4):54-68.

刘伟,陈彦斌,2021."两个一百年"奋斗目标之间的经济发展:任务、挑战与应对方略[J].中国社会科学(3):86-102,206.

刘伟,李绍荣,2002.产业结构与经济增长[J].中国工业经济(5):14-21.

刘竹,耿涌,薛冰,等,2011.中国低碳试点省份经济增长与碳排放关系研究[J].资源科学(4):620-625.

陆旸,蔡昉,2016.从人口红利到改革红利——基于中国潜在增长率的模拟[J].世界经济(1):3-23.

潘家华,张丽峰,2011.我国碳生产率区域差异性研究[J].中国工业经济(5):47-57.

潘家华,庄贵阳,郑艳,等,2010.低碳经济的概念辨识及核心要素分析[J].国际经济评论(4):88-101.

平新乔,郑梦圆,曹和平,2020.中国碳排放强度变化趋势与"十四五"时期碳减排政策优化[J].改革(11):37-52.

清华大学气候变化与可持续发展研究院,2021.中国长期低碳发展战略与转型路径研究[M].北京:中国环境出版集团.

渠慎宁,郭朝先,2010.基于STIRPAT模型的中国碳排放峰值预测研究[J].中国人口·资源与环境(12):10-15.

邵帅,张曦,赵兴荣,2017.中国制造业碳排放的经验分解与达峰路径[J].中国工业经济(3):44-63.

史丹,2002.我国经济增长过程中能源利用效率的改进[J].经济研究(9):49-56,94.

孙传旺,占妍泓,2022.碳中和发展轨迹的国际比较与中国碳中和发展力研究[J].国外社会科学(1):120-132,199.

孙耀华,李忠民,2011.中国各省区经济发展与碳排放脱钩关系研究[J].中国人口·资源与环境(5):87-92.

汤铎铎,刘学良,倪红福,等,2020.全球经济大变局、中国潜在增长率与后疫情时期高质量发展[J].经济研究(8):4-23.

唐未兵,傅元海,王展祥,2014.技术创新、技术引进与经济增长方式转变[J].经济研究(7):31-43.

王灿,陈吉宁,邹骥,2002.气候政策研究中的数学模型评述[J].上海环境科学(7):435-454.

王锋,2018.中国碳排放峰值及其倒逼机制研究的发展动态[J].中国人口·资源与环境(2):141-150.

王锋,吴丽华,杨超,2010.中国经济发展中碳排放增长的驱动因素研究[J].经济研究(2):123-136.

王小鲁,樊纲,2004.中国地区差距的变动趋势和影响因素[J].经济研究(1):33-44.

王勇,王恩东,毕莹,2017.不同情景下碳排放达峰对中国经济的影响——基于CGE模型的分析[J].资源科学(10):1896-1908.

卫兴华,侯为民,2007.中国经济增长方式的选择与转换途径[J].经济研究(7):15-22.

徐国泉,刘则渊,姜照华,2006.中国碳排放的因素分解模型及实证分析:1995—2004[J].中国人口·资源与环境(6):158-161.

徐现祥,李书娟,王贤彬,等,2018.中国经济增长目标的选择:以高质量发展终结"崩溃论"[J].世界经济(10):3-25.

许士春,张文文,2016.不同返还情景下碳税对中国经济影响及减排效果[J].中国人口·资源与环境(12):46-54.

杨子晖,2011.经济增长、能源消费与二氧化碳排放的动态关系研究[J].世界经济(6):100-125.

于斌斌,2015.产业结构调整与生产率提升的经济增长效应——基于中国城市动态空间面板模型的分析[J].中国工业经济(12):83-98.

袁富华,2010.低碳经济约束下的中国潜在经济增长[J].经济研究(8):79-89,154.

张军,徐力恒,刘芳,2016.鉴往知来:推测中国经济增长潜力与结构演变[J].世界经济(1):52-74.

张全斌,周琼芳,2021."双碳"目标下中国能源CO_2减排路径研究[J].中国国土资源经济(4):22-30.

张友国,2010.经济发展方式变化对中国碳排放强度的影响[J].经济研究(4):120-133.

赵明轩,吕连宏,王深,等,2021.中国碳达峰路径的Meta回归分析[J].环境科学研究(9):2056-2064.

郑玉歆,1999.全要素生产率的测度及经济增长方式的"阶段性"规律——由东亚经济增长方式的争论谈起[J].经济研究(5):55-60.

中国环境与发展国际合作委员会,2010.2009年度政策报告——能源、环境与发展[M].北京:中国环境科学出版社.

中国经济增长前沿课题组,2013.中国经济转型的结构性特征、风险与效率提升路径[J].经济研究(10):4-17,28.

中国科学院可持续发展战略研究组,2009.2009 中国可持续发展战略报告[M].北京:科学出版社.

中国社会科学院宏观经济研究中心课题组,2020.未来 15 年中国经济增长潜力与"十四五"时期经济社会发展主要目标及指标研究[J].中国工业经济(4):5-22.

中国式现代化研究课题组,2022.中国式现代化的理论认识、经济前景与战略任务[J].经济研究(8):26-39.

周伟,米红,2010.中国碳排放:国际比较与减排战略[J].资源科学(8):1570-1577.

朱民,张龙梅,彭道菊,2020.中国产业结构转型与潜在经济增长率[J].中国社会科学(11):149-171,208.

2050 中国能源和碳排放研究课题组,2009.2050 中国能源和碳排放报告[M].北京:科学出版社.

ANG B W,2004. Decomposition analysis for policymaking in energy: which is the preferred method [J]. Energy Policy,32:1131-1139.

ANG B W,ZHANG F Q,CHOI K H,1998. Factorizing changes in energy and environmental indicators through decomposition [J]. Energy,23:489-495.

CHEN J H,2017. An empirical study on China's energy supply-and-demand model considering carbon emission peak constraints in 2030 [J]. Engineering,3:512-517.

CHEN W Y,2005. The costs of mitigating carbon emissions in China: Findings from China MARKAL-MACRO modeling [J]. Energy Policy,33:885-896.

DU L M,WEI C,CAI S H,2012. Economic development and carbon dioxide emissions in China: Provincial panel data analysis [J]. China Economic Review,23:371-384.

ELZEN M, HANNA F, NIKLAS H, et al., 2016. Greenhouse gas emissions from current and enhanced policies of China until 2030: Can emissions peak before 2030 [J]. Energy Policy,89:224-236.

FAN Y,LIANG Q M,WEI Y M,et al.,2007a. A model for China's energy requirement and CO_2 emissions analysis [J]. Environmental Modelling & Software,22:378-393.

FAN Y,LIU L C,WU G,et al.,2007b. Changes in carbon intensity in China: Empirical findings from 1980-2003 [J]. Ecological Economics,62:683-691.

FANG K,LI C L,TANG Y Q,et al.,2022. China's pathways to peak carbon emissions: New insights from various industrial sectors [J]. Applied Energy,306:1-10.

FANG K,TANG Y Q,ZHENG Q F,et al.,2019. Will China peak its energy-related carbon emissions by 2030? Lessons from 30 Chinese provinces [J]. Applied Energy,255:1-12.

GALLAGHER K S,ZHANG F,ROBBIE O,et al.,2019. Assessing the policy gaps for achieving China's climate targets in the Paris Agreement [J]. Nature Communications,10:1-10.

GREEN F, NICHOLAS S, 2017. China's changing economy: implications for its carbon dioxide emissions [J]. Climate Policy, 17: 423-442.

GUAN D B, MENG J, DAVID M R, et al. , 2018. Structural decline in China's CO_2 emissions through transitions in industry and energy systems [J]. Nature Geoscience, 11: 551-555.

IPCC, 1995. Greenhouse Gas Inventory: IPCC Guidelines for National Greenhouse Gas Inventories [M]. England: Bracknell.

IPCC, 2007. Climate Change 2007: Synthesis Report. Contribution of Working Groups Ⅰ, Ⅱ and Ⅲ to the Fourth Assessment Report of the Intergovernmental Panel on Climate Change [Core Writing Team, Pachauri, R. K and Reisinger, A. (eds.)] [M]. Geneva: Switzerland.

IPCC, 2014. The Fifth Assessment Report [M]. Cambridge: Cambridge University Press.

JIAO J L, QI Y Y, CAO Q, et al. , 2013. China's targets for reducing the intensity of CO_2 emissions by 2020 [J]. Energy Strategy Review, 2: 176-181.

KAYA Y, 1989. Impact of carbon dioxide emission control on GNP growth: Interpretation of proposed scenarios [R]. Intergovernmental Panel on Climate Change Response Strategies Working Group.

LIN J Y, WAN G, MORGAN P, 2016. Prospects for a re-acceleration of economic growth in the PRC [J]. Journal of Comparative Economics, 44: 842-853.

LIU L C, FAN Y, WU G, et al. , 2007. Using LMDI method to analyze the change of China's industrial CO_2 emissions from final fuel use: An empirical analysis [J]. Energy Policy, 35: 5892-5900.

LIU S W, TIAN X, CAI W J, et al. , 2018. How the transitions in iron and steel and construction material industries impact China's CO_2 emissions: Comprehensive analysis from an inter-sector linked perspective [J]. Applied Energy, 211: 64-75.

MI Z F, SUN X L, 2021. Provinces with transitions in industrial structure and energy mix performed best in climate change mitigation in China [J]. Communications Earth & Environment, 182(2021), https://doi.org/10.1038/s43247-021-00258-9.

MI Z F, WEI Y M, WANG B, et al. , 2017. Socioeconomic impact assessment of China's CO_2 emissions peak priorto 2030 [J]. Journal of Cleaner Production, 142: 2227-2236.

NIU S W, LIU Y Y, DING Y X, et al. , 2016. China's energy systems transformation and emissions peak [J]. Renewable and Sustainable Energy Reviews, 58: 782-795.

PRICE L, ZHOU N, FRIDLEY D, et al. , 2013. Development of a low-carbon indicator system for China [J]. Habitat International, 37: 4-21.

PRITCHETT L, SUMMERS L, 2013. Asiaphoria meets regression to the mean [R]. Boston: Harvard Kennedy School and Center for Global Development.

REN M,LU P T,LIU X R,et al.,2021. Decarbonizing China's iron and steel industry from the supply and demand sides for carbon neutrality [J]. Applied Energy(298):117209.

SHAN Y L,LIU J H,LIU Z,et al.,2016. New provincial CO_2 emission inventories in China based on apparent energy consumption data and undated emission factors [J]. Applied Energy,184:742-750.

STERN N,2006. Stern Review: The Economics of Climate Change [J]. World Economics,98(2):1-10.

SU Y Q,LIU X,JI J P,et al.,2021. Role of economic structural change in the peaking of China's CO_2 emissions: An input-output optimization model [J]. Science of the Total Environment,761:143306.

TOLLEFSON J,2016. China's carbon emissions could peak sooner than forecast [J]. Nature,531:425-426.

WANG C,CHEN J L,ZOU J,2005. Decomposition of energy-related CO_2 emission in China:1957-2000 [J]. Energy,30:73-83.

WANG M,WANG P,WU L,et al.,2022. Criteria for assessing carbon emissions peaks at provincial level in China [J]. Advances in Climate Change Research,13:131-137.

WANG Y N,CHEN W,KANG Y Q,et al.,2018. Spatial correlation of factors affecting CO_2 emission at provincial level in China: A geographically weighted regression approach [J]. Journal of Cleaner Production,184:929-937.

WANG Z,ZHU Y S,ZHU Y B,et al.,2016. Energy structure change and carbon emission trends in China [J]. Energy,115:369-377.

WORLD BANK,2012. China 2030: building a modern harmonious and creative high-income society [R]. Washington,D. C..

WU L B,KANEKO S,MATSUOKA S,2005. Driving forces behind the stagnancy of China's energy-related CO_2 emissions from 1996 to 1999: the relative importance of structuralchange,intensity change and scale change [J]. Energy Policy,33:319-335.

XIAO B W,NIU D X,GUO X D,2016. Can China achieve its 2020 carbon intensity target? A scenario analysis based on system dynamics approach [J]. Ecological Indicators,71:99-112.

XU S C,HAN H M,ZHANG W W,et al.,2017. Analysis of regional contributions to the national carbon intensity in China in different Five-Year Plan periods [J]. Journal of Cleaner Production,145:209-220.

YAN J N,ZHAO T,KANG J D,2016. Sensitivity analysis of technology and supply change for CO_2 emissionintensity of energy-intensive industries based on input-output model [J]. Applied Energy,171:456-467.

YI B W,XU J H,FAN Y,2016. Determining factors and diverse scenarios of CO_2 emissions intensityreduction to achieve the 40%～45% target by 2020 in China—A historical and prospective analysis for the period 2005-2020 [J]. Journal of Cleaner Production, 122: 87-101.

YUAN J H, XU Y, HU Z, et al., 2014. Peak energy consumption and CO_2 emissions in China [J]. Energy Policy, 68: 508-523.

ZHANG M, MU H L, NING Y D, 2009. Accounting for energy-related CO_2 emission in China, 1991-2006 [J]. Energy Policy, 37: 767-773.

ZHANG S, CHEN W Y, 2022. Assessing the energy transition in China towards carbon neutrality with a probabilistic framework [J/OL]. Nature Communications. https://doi.org/10.1038/s41467-021-27671-0.

ZHANG X L, KARPLUS V J, QI T Y, et al., 2016. Carbon emissions in China: How far can new efforts bend the curve [J]. Energy Economics, 54: 388-395.

ZHAO X R, ZHANG X, SHAO S, 2016. Decoupling CO_2 emissions and industrial growth in China over 1993-2013: The role of investment [J]. Energy Economics, 60: 275-292.

ZHAO Y, NIELSEN C P, MCELROY M B, 2012. China's CO_2 emissions estimated from the bottom up: Recent trends, spatial distributions, and quantification of uncertainties [J]. Atmospheric Environment, 59: 214-223.

ZHENG H R, SHAN Y L, MI Z F, et al., 2018. How modifications of China's energy data affect carbon mitigation targets [J]. Energy Policy, 116: 337-343.

ZHENG X Q, LU Y L, YUAN J J, et al., 2020. Drivers of change in China's energy-related CO_2 emissions [J]. PNAS, 117(1): 29-36.

ZHOU N, FRIDLEY D, ZHENG N, et al., 2013. China's energy and emissions outlook to 2050: Perspectives from bottom-up energy end-use model [J]. Energy Policy, 53: 51-62.